<그리스도인이면 꼭 알아야 할 성경 지식>

# 창세기

## 제3권 아브라함이 걸어간 믿음의 발자취(12-25장)

서울솔로몬학교 성경연수원

# 차 례

이 책에 인용된 성경 구절은 〈한글킹제임스성경〉입니다.

# 제1과

# 믿음의 여정의 시작

# (12-14장)

『그러므로 아브람이 **주**께서 자기에게 말씀하셨던 대로 떠났으며 또 롯이 그와 함께 갔으니 아브람이 하란을 떠날 때 칠십오 세였더라』(창 12:4).

## 믿음의 좁은 길

예수 그리스도를 개인의 구주로 믿고 구원받아 "믿음의 행로"에 들어선 성도는 자신의 것을 포기하고 하나님만을 의지하는 사람이 되어야 한다. 곧 하나님의 뜻에 순종함으로써 "믿음의 좁은 길"을 한 단계 한 단계씩 밟아 나가야 하는 것이다. 그런 가운데 주님께서는 우리와 동행하실 것이고, 그렇게 될 때 그 걸음은 우리 자신의 것이 아니라 승리하신 주 예수 그리스도의 발걸음이 될 수 있다. 궁극적으로는 우리가 참된 승리의 삶을 살게 되는 것이다.

하나님께서는 우리의 믿음의 본이 될 만한 인물들을 성경의 역사 속에 등장시키셨는데, 특히 "믿음의 조상" 아브라함의 생애를 통해 보여 주셨다. 그가 걸었던 믿음의 행보는 우리의 모범이 된다. 물론 하나님께서는 그에 관한 기록에서 순례자의 즐거움이나 성공뿐만 아니라 퇴보와 실패의 모습도 숨기지 않고 드러내신다. 우리는 "아브라함의 생애"를 통해 믿음의 본에 관한 많은 교훈을 얻을 수 있다. 창세기에 나타난 아브라함의 믿음의 행보를 살펴보면서, 우리가 믿음의 좁은 길을 따라가는 데 필요한 "디딤돌"이 되어 줄 말씀들에 중요한 표시를 하도록 하자. 때때로 믿음의 좁은 길을 걷다가 지치고 힘들 때 그 말씀들은 좋은 이정표가 될 것이다(조지 H. 문델의 책 〈믿음의 좁은 길〉 "서문"에서 발췌).

## 부르심을 받은 아브라함

### 1. 믿음의 사람 아브라함의 등장(창 11:26-12:3)

1) **아브라함(B.C. 1996-1821)은 어떤 사람인가?**

➡ **아브라함은 하나님께서 "선택받은 민족인 이스라엘"을 준비하시기 위해 부르신 인물이었다.**

(1) 아브라함(많은 민족들의 아버지, 창 17:5)은 본래 이름이 "**아브람**"(높은 아버지, 창 11:26)이었다.

(2) 셈의 10대손으로 "**셈족**"(황인종)에 속한(창 11:11-26) "**히브리인**"이었다(창 14:13).

(3) "**데라의 아들**"로서, 데라가 130세 되던 해에(창 11:26,32; 12:4) 메소포타미아 지역(행 7:2,3)의 시날 땅 근처에 있는 "**갈대아 우르**"에서(창 11:31; 12:1) 태어났고, 가나안 땅 "**헤브론**"에서 "**향년 175세의 나이**"로 숨을 거두었다(창 25:7-10).

(4) 아내는 "**사라**"(사래, 창 11:29)였고, 주요 두 아들은 "**이삭**"(약속의 씨)과 "**이스마엘**"이었으며, 형제로는 "나홀"과 "하란"이, 조카로는 "롯"이 있었다(창 11:27).

2) **아브라함은 "믿음의 사람"이었다**(히 11:8-10,13-19).

(1) 하나님께서 아브라함을 부르시며 고향과 친족과 아버지의 집을 떠나 주님께서 "보여 주실 땅"으로 가라고 명령하셨을 때(행 7:3, 창 12:1), **아브라함은 "어디로 가야 하는지 모르면서도" 오직 하나님만을 신뢰하고 순종하여 떠났다**(히 11:8).

(2) 하나님께서 하늘에 있는 별들을 보여 주시며 씨에 대한 번성을 약속하셨을 때, 아브라함이 하나님의 약속을 믿었고, 그 믿음은 "의"로 여겨지게 되었다(창 15:4-6).

『그는 믿음 없음으로 인하여 하나님의 약속을 의심하지 아니하였고 오히려 믿음에 견고하여져서 하나님께 영광을 돌리며 약속하신 그것을 또한 이루실 것이라고 확신하였느니라. 그러므로 그에게는 믿음이 의로 여겨졌느니라』 (롬 4:20-22).

(3) 하나님께서 아브라함을 시험하시며 그의 독자 이삭을 바치라고 명령하셨을 때, 아브라함은 자기 아들을 제단에 바침으로써 "의롭게" 되었다 (창 22:1-14). 또한 그렇게 함으로써 "하나님의 친구"로 불릴 수 있었다 (약 2:21-23).

## 2. 믿음으로 고향을 떠나는 아브라함(창 11:31,32)

1) 아브라함은 하나님의 명령대로 그의 고향을 떠났고, 고향을 떠나는 순간 그의 "믿음의 여정"은 시작되었다.

2) 아브라함은 믿음으로 "약속의 땅"과 "땅 위의 한 도성"을 기다렸다 (히 11:10).

➠ 아브라함은 "기초들이 있는 한 도성"을 만날 때까지 하나님의

약속만 붙들고 한 걸음 한 걸음씩 앞으로 나아갔다. 그는 하나님께서 주신 약속들을 확신 가운데 소중히 간직했으며, 심지어 이 땅 위에서 타국인이요 순례자라고 고백하며 살았다(히 11:13).

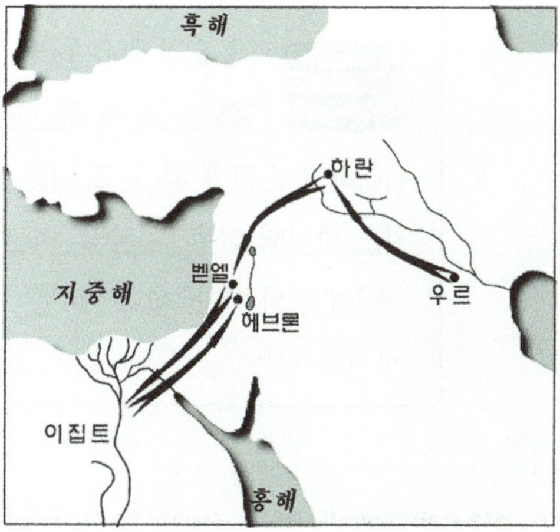


3) <u>믿음으로 고향을 떠났던 아브라함도 처음에는 다소 부족한 부분이 있었다.</u>

➡ 하나님께서 "고향과 친족과 아버지의 집"을 떠나라고 명령하셨을 때, "고향"(칼데아 우르)은 떠났으나, "친족"과 "아버지의 집"은 떠나지 못했다. 즉 하란에 와서 머물 때까지 "아버지 테라"(아버지의 집)가 동행했고(창 11:31), 약속의 땅에서 분리되어 나갈 때까지 "조카 롯"(친족)이 함께 따라왔던 것이다. 이런 면에서 아브라함의 순종은 "부분적인 순종"이었다.

<u>아브라함의 믿음의 첫 출발은 완벽하지 못했다</u>. 장차 "그의 독자 이삭"을 하나님께 바칠 만큼 믿음의 조상으로서의 성숙한 상태에 이를 때까지, 아브라함에게도 다듬어져야 할 부분이 많이 있었다. 우리는 여기서 하나님의 자비와 인내를 볼 수 있어야 한다. 얼마나 하나님께서는 한 명의 "믿음의 사람"을 세우시기까지 인내 가운데 기다리시는지 깨달아야 하는 것이다. 성경대로 믿는 한 사람이 제대로 세워질 때까지 토기장이이신 하나님께서는 인내로 그 사람을 빚으신다. 하나님께서는 지금

이 순간에도 우리를 빚고 계신다. 우리가 온전한 믿음의 사람이 될 때까지 인내와 자비 속에서 그분의 위대하신 손길을 따라 그 일을 지속하고 계시는 것이다. 특히 그 일을 하시되 아주 "열심히" 하신다. 이것이 바로 성도를 향한 "하나님의 열심"이다. 실로 그것은 "산고를 치르는 과정"과도 같은 것이다(갈 4:19).

## 3. 아브라함에게 주신 언약(창 12:1-3)

1) 복에 관한 언약(2,3절)

(1) 큰 민족을 이루게 하시겠다고 약속하셨는데, 솔로몬의 때에 성취되었다(왕상 4:20).

(2) 복을 주겠다고 하셨는데, 실제로 아브라함은 당대에 큰 복을 받았다(창 24:1,35).

(3) 아브라함의 이름을 위대하게 하시겠다고 약속하셨는데, 실제로 그렇게 되었다.

(4) 아브라함으로 하여금 "복이 되게" 하시겠다고 약속하셨고, 그를 축복하는 자들은 "복"을, 저주하는 자들은 "저주"를 받게 하시겠다고 말씀하셨다.

(5) 아브라함 안에서 땅의 모든 족속들이 복을 받게 하실 것이라고 약속하셨다.

2) 씨에 관한 언약

(1) "**땅의 티끌**"처럼 번성하게 하시겠다고 약속하셨다(창 13:16, cf. 이스

마엘).

(2) "**하늘의 별들**"처럼 번성하게 하시겠다고 약속하셨다(창 15:5, cf. 교회).

(3) "**바닷가의 모래**"처럼 번성하게 하시겠다고 약속하셨다(창 22:17, cf. 이스라엘).

3) **땅에 관한 언약**

➡ 아브라함의 씨에게 이집트 나일강에서부터 큰 강 유프라테스까지의 영토를 "영원히" 주시겠다고 약속하셨다(창 15:18-21).

> 전능하신 하나님께서 아브라함에게 주신 언약은 "아브라함의 언약"(Abrahamic Covenant)으로 불리는데, 이 언약이 이삭, 야곱, 요셉을 비롯한 야곱의 열두 아들들 등 족장들을 중심으로 하는 아브라함의 후손들에게 그대로 이어진다. 그래서 우리는 이 시대를 가리켜 "족장 시대" 또는 "약속 시대"라고 부른다.

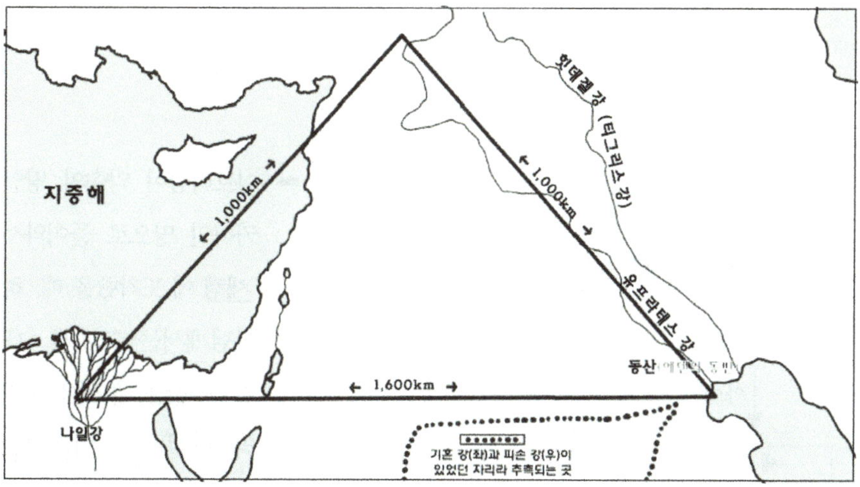


## 4. 부르심을 받는 아브라함(창 12:1-3)

➠ 주 하나님께서는 "**칼데아 우르**"에서 아브라함을 "**처음으로**" 부르셨다(창 11:31, 행 7:2-4). 그다음은 "**하란**"에서 부르셨고(1절), 그다음은 "**세겜**"(창 12:6,7), "**벧엘**"(창 13:14-17)에서 부르셨으며, 그다음은 "**헤브론**"인데 여기서는 두 번 부르셨다(창 15:5,18; 17:1-8).

## 약속의 땅에서의 믿음의 여정

### 1. 약속의 땅에 들어온 아브라함(창 12:4-9)

1) "**하란**"을 떠남(4절)

➠ 하란에서 아버지 데라가 죽었을 때(창 11:32) 아브라함은 "그에게 보여 줄 땅으로 가라"는 하나님의 명령에 순종하여 "하란"을 떠났는데, 이때가 그의 나이 75세였다(4절).

2) "**세겜**"에 도착(5-7절)

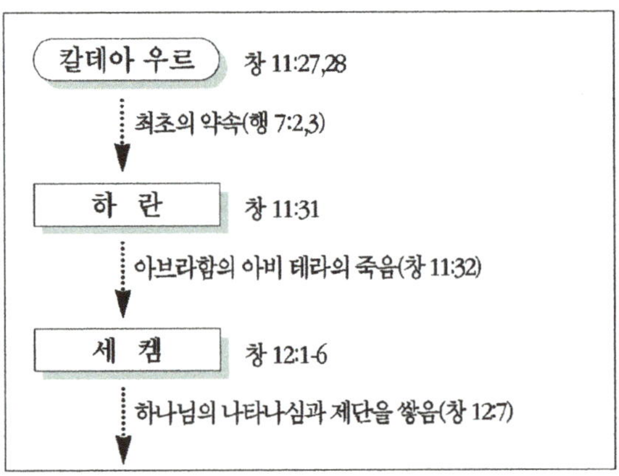


➠ 아브라함이 약속의 땅인 가나안 땅으로 들어와서 "**세겜**"에 도착했을 때, 하나님께서는 그에게 『**내가 이 땅을 네 씨에 주리라.**』(7절)라고 약속하셨다. 이 위대한 약속을 받은 아브라함은 하나님께

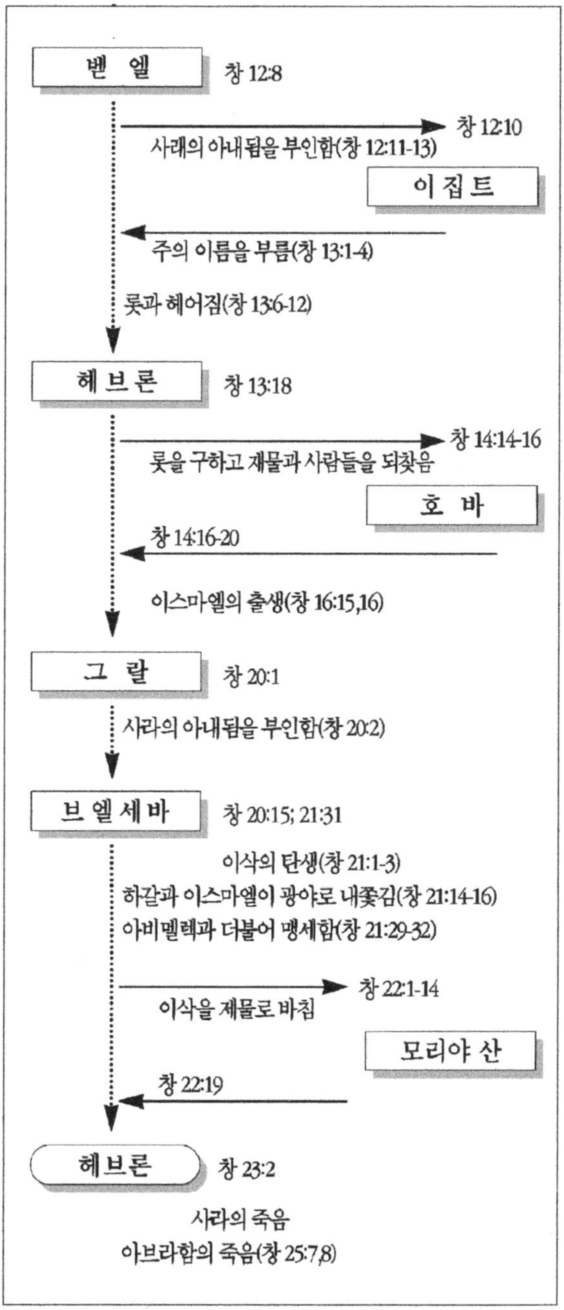


제단을 쌓았다(7절).

3) "벧엘"로 이동함(8절)

➡ 벧엘 동쪽 산으로 이동하여 장막을 쳤고, 하나님을 위해 제단을 쌓고 주님의 이름을 불렀다(8절).

4) 우리는 여기 아브라함의 모습 속에서 "약속"과 "경배"를 본다. 하나님의 약속은 진리의 말씀 속에서 주어지고, 경배는 말씀을 믿는 사람이 주님께 드려야 할 최상의 순종이다. 약속과 경배의 특권을 누리고 있었던 아브라함은 "영적인 견지"에서 볼 때 그야말로 "최상의 자리"에 머물러 있었다. 그는 현재 위치에서 이탈해서는 안 되었고 그 믿음의 여정을 지속해야 했다. 그러

나 그 여정에 있어서 시련의 그림자가 다가오는 것을 직감하게 된다. 『**아브람이 이동하여 남쪽으로 향하여 계속 가더라**』(9절). 여기서 "남쪽"은 이집트가 있는 방향이다. "이집트"는 "세상"의 모형이다. 말하자면 아브라함은 잘못된 방향으로 나아가고 있었던 것이다.

## 2. 믿음의 시련을 겪는 아브라함(창 12:10-20)

1) 약속의 땅에 찾아온 "심한 기근"(10절)

(1) 이 기근은 아브라함이 믿음의 여정에서 맞은 "**첫 번째 시련**"이었다. 아브라함은 하나님께서 약속하신 이 땅에서 하나님의 자비와 은혜를 바라며 믿음으로 이겨 나가야 했지만, 그 "**육신의 배고픔**"을 이겨 내지 못하고 마땅히 걸었어야 할 "**믿음의 길**"에서 이탈하고 말았다. 곧 "**이집트**"로 내려갔던 것이다.

(2) 기근을 피하려고 잠시만 머물다가 돌아올 목적으로 이집트로 내려갔지만, 결국 "**부끄럽고 비참한 길**"로 들어서고 말았다.

2) 위기와 시련 속에서 이집트를 선택한 "비참한 결과"(11-20절)

(1) 아브라함은 아내 사라를 "**누이**"라고 거짓말함으로써(11-13절) 간증을 잃었다. ① 아브라함은 이집트인들로 인해 자신의 목숨을 잃을까 봐 두려워했다(12절). ② 마땅히 사랑하고 돌보아야 할 아내를 제대로 지키지 못했다(13-15,19절). ③ 하나님을 신뢰하지 않고 자기보다 더 연약한 아내에게 자신의 목숨을 의탁했다(13절).

(2) 아브라함은 이 "**거짓말**"로 인해 이집트의 파라오로부터 융성한 대접을 받았다(16절). 파라오는 아브라함에게 많은 "**물질**"을 베풀었고(16절), 사라를 자신의 아내로 취하려고까지 했다(19절). **악화일로로 치닫고**

**있는 이 위기 속에서 "전능하신 하나님"의 도움이 없이는 아브라함이 빠져나올 방법이 전혀 없었다**. 이 위태로운 상황에서 하나님께서는 기적적으로 개입하시어 파라오의 집에 큰 역병을 내리셨다(17절). 그리고 아브라함은 부끄럽게도 파라오로부터 책망을 받았다(19절).

『파라오가 아브람을 불러 말하기를 "네가 내게 행한 이 일이 어찌된 것이냐? 어찌하여 그녀가 네 아내라고 내게 말하지 아니하였느냐? 어찌하여 너는 '그녀는 나의 누이라.'고 말하였느냐? 그러므로 내가 그녀를 내 아내로 삼을 뻔하였도다. 그러므로 이제 네 아내를 보라. 그녀를 데리고 네 길을 가라." 하고, 파라오가 사람들에게 그에 관한 일을 명령하니 그들이 그와 그의 아내와 그가 소유한 모든 것도 보냈더라』(18-20절).

『그녀를 데리고 네 길을 가라』(19절). 파라오가 아브라함에게 했던 이 말은 하나님께서 한 이방인 왕을 통해 아브라함에게 주신 경고의 메시지이기도 하다. "네 길을 가라!" 아브라함에게는 마땅히 걸어야 할 길이 있었다. 그것은 "믿음의 길"이었다. 지금 아브라함이 이집트로 내려온 이래로 파라오에게 책망을 듣는 이 순간까지의 모든 길들, 곧 "거짓말," "세상과 사람들을 두려워함," "아내를 파라오에게 내어 줌(간음하게 할 뻔했음)," "세상 사람으로부터 받는 책망과 수치" 등은 결코 믿음의 길이 아니었다. 따라서 이제는 아브라함이 다시 그 길로 돌아갈 필요가 있었고, 하나님께서는 그분의 위대한 손길을 통해 아브라함을 그 길로 다시 돌려세우셨다.

여러분은 어떤가? 여러분은 지금 믿음의 길에 서 있는가? 아니면 이탈해 있는가? 이탈했다면 다시 돌아와야 한다. 마땅히 달려가야 할 길을 달려야 한다. 달려야 할 레인에서 벗어났다면 한시라도 빨리 그 안으로 다시 들어오라! 그러한 결단과 실행은 빠르면 빠를수록 좋다!

## 3. 믿음을 회복하는 아브라함(창 13:1-4)

### 1) 약속의 땅으로 돌아온 아브라함(1,2절)

➠ 아브라함은 "**간증을 잃어버린 상태**"에서 약속의 땅으로 돌아왔다. 물질적으로는 부유했지만, 그것은 거짓말을 한 대가로 얻은 재산이었기에(창 12:16) "**영적으로는**" 파산 상태나 다름없었다. "**몸**"은 돌아왔지만, 여전히 하나님과의 관계가 정상적으로 회복되지 않은 상태였다.

### 2) "벧엘"(하나님의 집)로 올라감(3,4절)

➠ 처음에 장막을 치고 제단을 쌓았던 자리로 돌아가 주님의 이름을 부름으로써 하나님과의 관계와 "**첫사랑**"을 회복했다.

## 4. 믿음의 진전 (1) 조카 "롯"과의 성별(창 13:5-18)

### 1) "롯"으로부터 분리하는 아브라함(5-17절)

아브라함은 가축과 은과 금으로 매우 부유한 상태였고, 그와 계속 동행했던 조카 롯 역시 가축이 풍부한 상태였다. 그들의 소유가 많았고 더군다나 카나안인들과 프리스인들도 함께 있었기에, 그들은 그 땅에서 함께 거할 수 없게 되었다. 이 일로 인해 그들의 가축을 돌보는 목자들 사이에서 다툼이 벌어졌다 (5-7절). 결국 그들은 갈라질 수밖에 없었다.

(1) 아브라함이 롯에게 먼저 땅을 선택할 수 있는 권리를 주었을 때(8,9절), 롯은 "잘못된 기준"과 "잘못된 가치관"으로 "잘못된 선택"을 했다.

① 롯은 눈을 들어 "위"를 보지 않고 "땅"(요단의 온 평지)을 바라보았다(10절). 롯이 본 것은 소돔과 고모라였는데, 그가 보기에 그곳은 "주의 동산" 같고 "이집트 땅" 같았다. 주의 동산과 이집트 땅은 결코 같을 수 없는데, 그것을 똑같게 보았다는 것은 롯이 영적 분별력을 잃었음을 보여 준다.

② 롯은 요단의 온 "평지"를 선택했다(11절).

③ 롯은 "동쪽"으로 옮겨 감으로써 잘못된 방향으로 이동했다(11절).

④ 롯은 아브라함에게서 "갈라선"(11절) 이후 "소돔"을 향해 장막을 쳤다(12절). "소돔인들"은 사악하고 극심한 죄인들로서(13절), 교만하고 게으른 자들이었으며(겔 16:49) 가증한 동성연애자들이었다(Sodomy - 남성 동성연애).

(2) 하나님께서는 롯과 완전히 분리한(11절) 아브라함에게 "씨"와 "땅"에 관한 약속을 보다 구체적으로 해 주셨는데, 곧 그가 보는 모든 땅을 그의 씨에게 "영원히" 주시고, 그 씨를 "땅의 티끌"같이 번성케 해 주시겠다고 약속하신 것이다(14-17절).

2) 아브라함은 장막을 옮겨 "헤브론"(교제, 풍성함)에 있는 "마므레"(확고함, 활력) 평지로 와서(18절) 주님을 위해 제단을 쌓았다.

## 5. 믿음의 진전 (2) : 위대한 승리와 멜기세덱의 축복(창 14:1-24)

1) <u>전쟁에서 거둔 위대한 승리</u>(1-16절)

(1) <u>시날 왕 아므라벨의 때에 전쟁이 일어났다</u>(1절). 12년간 엘람 왕 크돌라오멜을 섬기다가 13년째에 반역을 한 다섯 왕(소돔 왕, 고모라 왕, 아드마 왕, 스보임 왕, 벨라 왕)이 그를 대적하여 싸운 것이다(4절). 싯딤 골짜기에서 접전이 벌어졌는데, 소돔 왕과 고모라 왕은 역청 구덩이에 빠졌고, 결국 그 다섯 왕은 전쟁에서 패했다. 이때 크돌라오멜과 그와 함께 참전했던 다른 왕들이 소돔과 고모라의 모든 재물을 탈취했고, 아브라함의 조카 롯을 사로잡아 갔다(8-12절).

(2) 이 소식을 들은 아브라함은 자기 집에서 태어난 훈련받은 종 318명을 무장시켜 롯을 사로잡아간 자들을 추격하여 "<u>단</u>"까지 갔고(14절), 다마스커스 왼편에 있는 호바까지 추격해서 크돌라오멜과 그와 함께한 왕들을 쳐부수고 롯을 구출해 왔으며 모든 재물도 되찾아왔다. 실로 이것은 위대한 승리였다. 영적인 의미로 보면 아브라함은 "<u>분리</u>," 곧 "<u>성별</u>"되어 있었기 때문에 롯을 도울 수 있는 능력을 갖출 수 있었다. 전쟁은 사람의 많고 적음에 달려 있지 않다. 왜냐하면 전쟁은 하나님께 속한 것이기 때문이다(삼상 17:47). 따라서 성도들이 행하는 모든 영적 전쟁은, 믿음이 있고 성별되어 있을 때만 온전한 승리를 거둘 수 있다는 사실을 기억해야 한다.

2) <u>살렘 왕 멜기세덱 vs. 소돔 왕</u>(17-24절)

(1) <u>멜기세덱의 축복</u>(18-20절)

➡ 지극히 높으신 하나님의 제사장으로서(18절) 영적인 것에 관심이 있었다. <u>그는 "의의 왕"이자 "화평의 왕"으로서(히 7:2) 예수 그리스도를 예표한다</u>. 빵과 포도주를 가지고 아브라함에게 나왔는데(18절), "<u>빵</u>"과 "<u>포도주</u>"는 각각 예수 그리스도의 "<u>살</u>"과 "<u>피</u>"를 상

정한다(마 26:26-28). 멜기세덱은 지극히 높으신 하나님을 송축하고 아브라함을 축복했다. 이에 아브라함은 멜기세덱에게 모든 것의 십일조를 바쳤다(19,20절).

(2) <u>소돔 왕</u>(21-24절)

➡ 소돔 왕은 물질적인 것에만 관심이 있었고, 이 위대한 승리를 이끄신 하나님에 관해서는 관심조차 없었다(21절).

아브라함은 소돔 왕과 거리를 두고 분명하게 선을 그으면서 위대하신 하나님을 드높였다. "나의 하나님께서는 수천 개의 산에 수많은 가축을 갖고 계시고 세상에 있는 모든 것이 그분의 것이므로, 네가(소돔 왕) 도와주지 않아도 나를 도와주실 수 있다!"(22,23절). 확신에 찬 이 고백은 파라오 앞에서 보였던 비굴함과 수치와는 판이한 모습이었다. 실로 아브라함의 믿음은 이집트에서 나온 이래로 점점 더 성장해 가고 있었던 것이다.

■ 새롭게 깨달았거나 적용할 내용이 있다면 적어 보세요. ■

# 제1과
# 복습문제

1. 아브라함은 고향을 떠나 "내가 네게 보여 줄 땅으로 가라."라는 하나님의 명령을 받았을 때 어디로 가야 하는지 모르면서도 떠날 만큼 "믿음의 사람"이었다. ( O , X )

2. 아브라함은 처음 고향을 떠날 때 친족과 아버지의 집도 떠날 만큼 온전한 순종을 보였다. ( O , X )

3. 전능하신 하나님께서는 아브라함에게 그의 "씨"가 땅의 (                ), 하늘의 (                ), 바닷가의 (                )처럼 번성하게 될 것이라는 약속을 주셨다.

4. 아브라함은 믿음의 여정에 있어서 (                )로 내려갔을 때 믿음이 퇴보했다가, (                )로 돌아와 제단을 쌓았을 때 믿음을 다시 회복했다.

5. 전쟁에서 승리하고 돌아온 아브라함에게 빵과 포도주를 가지고 나왔던 살렘 왕 (                )은 지극히 높으신 하나님의 제사장으로서 예수 그리스도를 예표한다.

■ 복습 문제의 정답은 홈페이지(www.solomonbtc.org)에서 확인할 수 있습니다.

# NOTES

# NOTES

## 제2과

# 아브라함의 언약과 씨의 혼란 (15-17장)

『그를 밖으로 데리고 나가 말씀하시기를 "이제 하늘을 쳐다보고 별들을 셀 수 있다면 그 별들을 세어 보아라." 또 그에게 말씀하시기를 "너의 씨가 이와 같으리라." 하시더라. 아브람이 **주**를 믿으니 주께서 그것을 그에게 의로 여기셨더라』(창 15:5,6).

## 믿음의 시련

<u>우리 가운데 어떤 이들은 "인내의 한계"에 도달하기까지 시험받고 있을지 모른다</u>. 그러나 어떤 상황에서도 포기하지 말고, 하나님만을 신뢰해야 한다. **『너희 믿음의 시련이, 불로써 단련될지라도 없어져 버리는 금보다 훨씬 더 귀하게 되어 예수 그리스도께서 나타나실 때에 칭찬과 존귀와 영광을 받게 하려 함이니라』**(벧전 1:7). 현재 우리가 통과하고 있는 시련의 장소가 주님께서 우리에게 복을 주기 원하시는 장소이다. 주님의 영광을 위해 꼼짝 말고 서 있으라. 하나님의 시험은 우리의 믿음을 입증해 보일 좋은 기회이다!

우리 중에 어떤 사람은 병이 들어 집에 갇혀 있거나 침대에 누워 있을지도 모른다. 또 어떤 사람은 직장이나 집안에서 많은 문제를 안고 있다. 이런 일들은 과연 우리가 하루를, 아니 한 시간을 견딜 수 있을지 의심하게 할 만큼 우리를 마구 밀어붙인다. <u>인내의 시련은 하나님의 영광과 복을 위한 장소이다. 또한 하나님께서는 우리가 견딜 수 없는 시련은 허락하시지 않는다고 약속하셨다</u>. 시험과 더불어 피할 길도 마련해 주시는 것이다. 하나님께서는 우리가 영원에서 누릴 풍성한 삶을 위해 바로 그 시련의 자리를 허락하셨다. 견디기 어려울지라도 믿음을 잃지 않는다면, 그것은 우리의 영원을 위해 영광으로 빛날 것이다(〈믿음의 좁은 길〉 "제11장 믿음의 인내"에서 발췌).

## 의로 여겨진 아브라함의 믿음(15:1-21)

### 1. "씨"에 관한 언약과 신약적인 구원의 모형(1-6절)

처음 "씨에 대한 약속"(창 12:7; 13:16)이 주어진 지 최소 10여 년(창 16:3)이 지났음에도 불구하고 그 약속이 여전히 이행되지 않고 있다는 사실에 초조하고 불안해진 아브라함은 다소 불평 어린 어조로 환상 중에 나타나신 하나님께 하소연하며 이렇게 질문을 드렸다. 『나는 자식이 없사오며, 내 집의 청지기가 다마스커스의 엘리에셀이오니, 주 **하나님**이여, 나에게 무엇을 주시려나이까?』(2절)

1) 아브라함의 질문에 대해 하나님께서는 그의 몸에서 나올 상속자를 약속하시면서 『**하늘을 쳐다보고 별들을 셀 수 있다면 그 별들을 세어 보아라... 너의 씨가 이와 같으리라.**』(5절)라고 말씀하셨다.

2) 하나님께서 "씨에 관한 약속"을 하시자, 아브라함은 주를 믿었고, 하나님께서는 그 믿음을 그에게 의로 여기셨다(6절). 이것은 "아브라함이 믿음을 통해 의를 얻는 사건"으로써 "행함이 없어도 그분을 믿는 사람들에게 그 믿음을 의로 여겨 주시는 구원"(롬 4:5), **곧 행함이 없이 오직 믿음으로 말미암는 은혜를 통해 주어지는 "신약적인 구원의 위대한 모형"이다.**

믿음이 의로 여겨진다는 것의 의미를 써 보세요.

➡ ______________________________

______________________________

### 〈아브라함의 구원 vs. 그리스도인의 구원〉

| 구분 | 아브라함(율법 이전 시대) | 그리스도인(교회 시대) |
|---|---|---|
| 구원 방법 | 믿음과 행위<br>(구원을 잃어버릴 수 있음)<br>믿음을 통해 의로 여겨지고<br>(의의 전가, 창 15:6, 롬 4:3, 갈 3:6)<br>행위를 통해 의롭게 된다<br>(약 2:21-24) | 오직 믿음으로만<br>(구원의 영원한 보장)<br>믿음을 통해 의로 여겨짐과<br>(의의 전가, 롬 4:5,22-24)<br>동시에 의롭게 된다<br>(롬 5:1,9, 갈 2:16, 딛 3:7) |
| 믿는 내용 | 씨에 대한 약속 | 예수 그리스도의<br>죽음(피), 장사, 부활 |
| 내적 변화 | 거듭나지 않음 | 거듭남<br>(죽은 영이 살아남, 엡 2:1,5,6) |
| | 영적 할례가 일어나지 않음 | 영적 할례가 일어남(골 2:11) |
| | 그리스도의 몸이 되지 않음 | 그리스도의 몸이 됨<br>(고전 12:13,27) |
| 죽음 이후 | 지하 낙원으로 내려감<br>(아브라함의 품) | 셋째 하늘로 올라감 |

## 2. "땅"에 관한 언약과 표적을 요구하는 아브라함(7-12절)

『주께서 그에게 말씀하시기를 "나는 이 땅을 네게 주어 유업을 삼게 하려고 칼데아 우르에서 너를 불러온 **주**라." 하시니 그가 말씀드리기를 "주 **하나님**이여, 내가 이 땅을 유업으로 삼을 줄을 무엇으로 알리이까?" 하더라』(7,8절).

1) 하나님께서는 제물로 바친 고기 사이로 "불타는 등"을 지나가게 하시는 표적을 통해 아브라함에게 하신 약속이 확실하다는 사실을 보여 주셨다(9-12,17절).

2) "아브라함의 씨"가 자기 땅이 아닌 곳(이집트)에서 사백 년 동안 고통받을 것이지만, 괴롭힌 그들을 하나님께서 심판하시고 나면 그 씨가 "약속의 땅"으로 "사 대 만"[레위(1대) - 코핫(2대) - 암람(3대) - 모세(4대)]에 큰 재물을 가지고 돌아올 것이다(13-16절). 이렇듯 400년이란 시간이 필요했던 이유는, 카나안 땅의 "아모리인들의 죄악이 아직 다 차지 않았기 때문"이다(cf. 롬 11:25 - "이방인들의 충만함").

3) 하나님께서는 아브라함과 그의 씨에게 "이집트 강에서부터 큰 강 유프라테스까지 이르는 땅"을 유업으로 주셨다.

(1) 약속의 땅은 삼각형 모양의 큰 땅으로서 과거 "에덴"의 본래 영역이었다.

(2) 솔로몬 때 이 약속의 땅을 회복했으나 부분적인 성취였고, 예수 그리스도의 재림 때 이 땅에 관한 약속이 "완전히" 성취된다.

전능하신 하나님께서 아브라함과 그의 씨에게 "약속하신 땅"은, 북쪽의 아라랏산에서 이집트의 나일강까지, 나일강에서 유프라테스강 하류에 위치한 페르시아만 끝부분까지, 또한 그곳에서 아라랏산까지 이르는 삼각형 모양의 큰 땅이다. 전체 면적은 약 780,000km$^2$이며 아일랜드와 잉글랜드와 스코틀랜드를 합친 면적의 두 배 반 정도가 된다. 뉴욕 중심가에 모여 있는 UN 회원국들 어깨에 놓여 있는 커다란 두려움은, 이스라엘의 열두 지파가 아라비아반도 북부에 있는 "트랜스 요르단"(요단 동편 지역) 전체를 차지하는 일이다. 또한 이스라엘은 골란고원과 레바논, 메롬 호수, 갈릴리 전 지역 그리고 이집트의 나일강 끝자락까지 차지할 것이다(수 15:4). 거기에는 시내 반도까지 포함될 것이며, 결국에는 "유프라테스강"(신 1:7)까지 차지할 것이다. 다윗은 정복 활동을 통해 이스라엘이 차지

> 할 "팔레스타인" 땅의 경계를 정했다. 이것은 주 하나님께서 확장해 주신 영토였다(cf. 신 11:24; 1:7, 수 1:4, 삼하 8:3). UN은 하나님께 복종하지 않을 것이며, 성경에 어떠한 주의도 기울이지 않을 것이다. 그래서 그들은 바울이 말했던 대로 대가를 치르게 될 것이다(롬 11:21,22). 그들은 성경의 저자에 의해 멸절될 것이며, 그때 "알라"는 그들을 위해 아무런 힘도 쓰지 못할 것이다.

## 이스마엘의 출생과 씨의 혼란(16:1-16)

### 1. 아브라함은 "사라의 음성에 경청함으로써" 이집트 여종 "하갈"을 아내로 삼았다(1-3절).

➠ 하나님의 약속이 주어진 지 10년이 지나도 씨에 대한 소식이 없자, 아브라함과 사라는 씨의 문제를 해결하기 위한 최후의 수단으로 "인간적인 방법"을 선택했다. **말하자면 "하나님의 때"와 "하나님의 방법"을 기다리지 않고 "하갈"("도피")이라는 "인간적인 도피처"를 찾은 것이다.**

> 실로 슬픈 일이 벌어졌다! 만일 아브라함이 사라의 의견을 듣는 것을 거절하고 하나님을 온전히 믿고 하나님의 때를 기다리는 "믿음의 인내"를 실행했다면, 향후 전개된 유대인들의 역사는 매우 달라졌을 것이다. 그러나 아브라함은 성급함 속에서 그의 마음이 조급한 사라에 의해 부추겨졌고, 결국 이집트의 여종 하갈에게로 들어갔다. 이 일은 하나님의 복된 여정에서 벗어난 사건이었다. 궁극적으로

는 아브라함과 하갈 사이에서 태어난 이스마엘을 통해 무수한 아랍 민족이 일어나지 않았던가!

이스마엘은 하나님께서 용납하실 수 없는 육신의 열매였다. 아브라함은 반드시 사라를 통해 아들을 가져야 했고, 바로 그 아들이 상속자가 되어야 했다. 약속의 씨인 이삭을 통해 거룩한 땅의 참된 상속자인 이스라엘 민족이 형성되어야 했던 것이다.

아브라함은 하나님 앞에서 행한 것이 아니라 "사라" 앞에서 행하고 말았다. 그러나 사라에게 귀를 기울여서는 안 된다. 하나님께 경청해야 한다. 사라 앞에서 행하지 말고, 하나님 앞에서 행해야 한다. 하나님께서 원치 않으시는 어떤 일을 우리가 하도록 부추기는 "사라" 같은 존재가 우리 주위에 포진해 있음을 유념해야 한다. 하나님께 순종하고 하나님 앞에서 행하라. 하나님께서는 우리가 구하는 것이나 생각하는 것보다 더 풍성하게 행하실 수 있는 분이심을 확신해야 하는 것이다(엡 3:20).

## 2. 하갈의 도주(4-6절)

➠ **임신한 것을 안 하갈이 여주인 사라를 멸시하자, 사라는 그녀를 심하게 대했고, 결국 하갈은 광야로 도망쳤다(4-6절).**

## 3. 하갈의 순종(7-10절)

➠ **"주의 천사"가, 광야로 도망쳐 나온 하갈에게 나타나서 여주인 사라에게로 돌아가 그녀에게 복종할 것을 명령했고, 또한 장차 "이스마엘"을 낳을**

것과 그 씨를 번성케 해 줄 것도 약속했다(7-10절). **그러나 분명한 것은 이스마엘은 결코 하나님께서 아브라함에게 약속하신 "약속의 씨"가 아니었다는 점이다!**

## 4. 이스마엘의 탄생(15,16절)

➡ 이스마엘이 태어났으니, 이때가 아브라함의 나이 86세였다(15,16절). **그로부터 13년 동안 아브라함은 하나님과의 교제가 단절된 채로 지내게 된다.** 즉 그가 99세가 되었을 때야 비로소 하나님께서 그에게 다시 나타나신 것이다(16절, 창 17:1).

# 하나님과의 교제 회복(17:1-27)

## 1. "아브라함의 언약"의 반복

➡ 하나님께서는 아브라함에게 "**전능하신 하나님 앞에서 행하고 완전하라.**" 라는 명령을 주시면서 교제를 회복시키셨고 "아브라함의 언약"을 다시 반복해서 언급하셨다(1-8절). 그리고 "**씨의 번성에 관한 약속**"을 주시면서 그 약속의 확실성을 보여 주시기라도 하듯, 아브라함의 이름을 "**아브람**"(높은 아버지)에서 "**아브라함**"(**많은 민족들의 아버지**)으로 바꾸어 주셨다(4,5절).

1) "**아브라함의 언약**"은 후손 대대로 미치는 언약으로서 "**영원한 언약**"이며,

이 언약에 따라 "**하나님과 백성의 관계**"가 형성되고, 민족들을 이루며, 왕들이 나오게 된다(6,7절).

2) **카나안의 모든 땅은 아브라함의 씨에게 "영원한 소유"로 주어졌다**(8절).

## 2. "아브라함의 언약"의 표적

➡ **아브라함의 언약을 위한 "표적"으로 "할례"가 주어졌다**(9-14절). 아브라함의 씨인 이스라엘 백성은 "**할례**"를 통해 "**언약의 백성**"이 되었는데, 할례를 받지 않으면 이스라엘 백성 중에서 끊어지게 된다(14절).

## 3. 아들에 대한 약속

➡ 하나님께서는 사라의 이름을 "**사래**"(다툼)에서 "**사라**"(공주)로 바꿔 주시면서 한 아들을 약속하셨고, 복을 주시어 "**민족들의 어머니**"가 되게 해 주시겠다고 약속하셨다(15-22절). 아브라함은 웃으면서 여전히 하나님의 약속에 "**회의적인 반응**"을 보였는데(17,18절, 『**이스마엘이나 주 앞에서 살게 해주소서!**』), 이때 하나님께서는 불신하는 아브라함에게 "**이삭**"(웃음)이라는 이름까지 알려 주시면서(19절) 언약의 성취에 대한 의심을 완전히 불식시키셨다.

『하나님께서 말씀하시기를 "네 아내 사라가 참으로 네게 한 아들을 낳을 것이라. 너는 그의 이름을 이삭이라 하라. 내가 그와 그의 뒤에 올 그의 씨에게 내 언약을 세우리니, 영원한 언약이 되리라』(19절). 하나님께서는 "이스마엘"의 씨도 번성케 하

셔서 큰 민족을 이루게 하시겠다고 약속하셨지만(20절), 이삭의 경우처럼 영원한 언약을 맺는다거나 그에게 이 땅을 주시겠다는 약속은 하지 않으셨다. 말하자면 이스마엘 역시 아브라함의 씨이므로 씨의 번성에 관한 약속을 받을 수 있었지만, "**아브라함의 언약**"은 이스마엘이 아니라 이삭에게 주어졌던 것이다. 그러나 이슬람교의 코란에서는 이 둘의 모습이 바뀌어 있는데, 곧 이 언약이 이삭이 아니라 이스마엘이 받는 것으로 변질되어 버린 것이다. 심지어 코란은 모리야 산에서 아브라함이 번제물로 바치려 했던 아들은 이삭이 아니라 이스마엘이라고 주장한다. 그러나 성경은 이 언약이 이삭과 더불어 세워진다는 사실을 분명히 하고 있다. 『**그러나 나는 나의 언약을 사라가 내년 이맘 때 네게 낳아 줄 이삭과 더불어 세우리라**』(21절). 다시 말해 이스마엘과 완전히 구분을 짓고 계신 것이다. 이후 아브라함은 할례를 행하라는 하나님의 명령에 따라 그의 집에 속한 사람들 모두에게 할례를 행함으로써 순종의 본을 보였다(23-27절).

■ 새롭게 깨달았거나 적용할 내용이 있다면 적어 보세요. ■

# 제2과 복습문제

1. 아브라함은 (                )을 통해 의로 여겨지고, (                )를 통해 의롭게 되었다.

2. 아브라함은 그 믿음이 의로 여겨졌기 때문에 그의 영이 거듭날 수 있었다. ( O , X )

3. "씨"와 관련하여 아브라함이 사라의 음성에 경청한 것은 당시의 상황으로 볼 때 "최선의 선택"이었다. ( O , X )

4. 이스마엘 역시 "아브라함의 씨"였으므로 그에게도 "영원한 언약"이 주어졌다. ( O , X )

5. 아브라함의 언약의 표적은 (                )이다.

6. 『하나님께서 말씀하시기를 "네 아내 사라가 참으로 네게 한 아들을 낳을 것이라. 너는 그의 이름을 이삭이라 하라. 내가 그와 그의 뒤에 올 그의 씨에게 내 언약을 세우리니, (                ) 언약이 되리라』(창 17:19).

■ 복습 문제의 정답은 홈페이지(www.solomonbtc.org)에서 확인할 수 있습니다.

# NOTES

# NOTES

# NOTES

## 제3과

# 간증을 잃어버린 롯
# (18,19장)

『롯이 나가서 그의 딸들과 혼인한 사위들에게 고하여 말하기를 "일어나서, 이곳에서 나가라. **주**께서 이 성읍을 멸하시리라." 하였으나, 그 사위들에게는 그가 농담하는 사람같이 보였더라』(창 19:14).

## 아브라함의 조카 "롯"

"롯"은 하란의 아들이며, 테라의 손자요, 셈의 10대손인 아브라함의 조카였다(창 11:27,31; 14:12, cf. 노아 : 아담의 10대손). 그는 조부인 테라가 갈데아 우르에서 나와 하란에 거할 때 아브라함과 함께 기거했고(창 11:31), 아브라함이 하나님의 부르심을 받아 하란을 떠날 때도 그와 함께했다(창 12:1-4). 아버지를 여읜 롯(창 11:28)은 늘 아브라함의 곁에서 보살핌을 받았으며, 아브라함의 생활 방식을 보고 자랐다.

## 아브라함과 "롯"

### 1. 롯에게 베푼 아브라함의 형제애

1) <u>롯은 성경 여러 곳에서 아브라함의 형제인 하란의 아들(창 11:27), 곧 아브라함의 조카라고 명시된다(창 14:12)</u>.

(1) 그런데 또 다른 한편에서는 "<u>그의 형제</u>"라 불리고 있다(창 13:8; 14:14 vs. <u>19:7</u>). 이것은 주께서 "<u>거룩하게 된 사람들을 형제</u>"라 부르기를 부끄러워하지 않으셨듯이(히 2:11), 아브라함이 삼촌으로서가 아닌 형제애로

롯을 대했음을 알 수 있다.

(2) 이렇게 형제애로서 롯에게 베푼 아브라함의 친절과 사랑은 오늘날 그리스도인이 형제들에게 갖추어야 할 형제애의 귀한 본보기가 된다(롬 12:10,13, 딤전 6:2).

2) <u>고난 중에 함께한 아브라함</u>(창 12:10; 13:1,5)

➡ 아브라함이 하나님의 약속을 믿고 하란을 떠났을 때 처음에는 모든 것이 만사형통한 것처럼 보였다(창 12:6-9). 하지만 남쪽으로 계속 향하던 그에게 기근이라는 큰 고난이 닥쳤다. 그러나 아브라함의 "형제애"에는 변함이 없었다. 그런 고난 가운데서도 아브라함은 롯을 버리지 않았다. 이집트에서 나온 이후 아브라함은 매우 부유했고(창 13:2), 롯 역시 많은 소유를 갖게 되었다(창 13:5).

3) <u>생각의 겸손함과 친절로 다가간 아브라함</u>(행 20:35, 살후 1:3, 빌 2:3)

(1) 이집트에서 나온 아브라함과 롯은 그 땅이 수용할 수 없을 만큼 소유가 넘쳤다. 이로 인해 그들의 목자들 사이에 생긴 다툼으로 인해 갈라져야만 했다.

(2) 이런 상황에서 아브라함은 "<u>너는 내 조카이니, 내 명령에 따르라</u>."라고 말하기보다는 오히려 "<u>우리가 형제간이니 서로 간에 다툼이 없게 하자. 네 앞에 온 땅이 있지 아니하냐?</u>"라고 말하면서 형제애로 롯을 배려했다(창 13:6-9).

4) <u>롯을 위해 생명을 아끼지 않은 아브라함</u>

➡ 시날 왕 아므라벨의 때에 롯은 민족들의 전쟁에 휘말리게 되었는데(창 14:1-9), 이때 소돔에 거하던 롯은 재산을 빼앗기고 포로 신세가 되고

만다. 이에 아브라함은 롯을 구하기 위해 318명을 무장시켜 끝까지 추격하여 그를 구해 냈다(창 14:14-16).

## 2. 롯을 위한 중보기도(창 18:23-33)

1) 끈질긴 간구

(1) **주의 천사를 만난 아브라함은 소돔의 멸망이 임한 것을 듣고 주님께 간구한다**(창 18:23). 롯에 대한 직접적인 언급은 없지만, "**성읍을 '의인'과 함께 멸하지 마소서.**"라고 기도한 여섯 번의 끈질긴 간청에서 롯에 대한 그의 애틋함을 엿볼 수 있다.

(2) 그러나 아쉽게도 아브라함은 『**너희가 한 사람이라도 찾을 수 있다면, 공의를 행하고 진리를 구하는 누군가가 있다면, 내가 그 성읍을 용서하리라.**』(렘 5:1)라는 말씀대로 마지막 한 사람이 남을 때까지 간구하지는 않았다.

2) **하나님의 온전하신 뜻과 자비하심**

(1) 아브라함은 그 성읍에 "**의인**"이 10명이라도 있다면, 그곳을 파괴하지 말아 달라고 간구했다. 하지만 하나님의 뜻은 멸망이 정해진 성읍을 구하시는 것에 있지 않았고, 오히려 그곳에 의인이 있다면 그 의인을 보존하시겠다는 것에 있었다. 그런데도 하나님께서는 아브라함의 간구에 경청하셨고, "**아브라함을 기억하시어**" 롯을 소돔에서 구출하셨다(창 19:29). 하나님께서는 성도의 간구에 경청하는 분이시다.

(2) 이탈리아로 호송되고 있던 바울이 태풍을 만났을 때, 배에 탄 선원들과 백부장에게 했던 말은 그들의 "**생명에는 아무런 손상이 없을 것이나, 단지 배만 상하게 될 뿐이라.**"(행 27:22)는 것이었다. 그럼에도 불

구하고 그들은 바울의 말에 아랑곳하지 않고 배에만 집착했다. 이와 마찬가지로 세상은 그 형체가 사라져 가고 있고 우주는 불로 태워질 것이라는 경고의 말씀이 선포된 상황에서, 과연 거듭난 성도들이 이 세상에 미련을 두어야겠는가!

〈아브라함의 행보 vs. 롯의 행보〉

| 창세기 18장 : 아브라함 | 창세기 19장 : 롯 |
|---|---|
| ❶ 더울 때<br>■ 낮에 속한 자들(롬 13:13,14, 살전 5:5-8) | ❶ 저녁에<br>■ 어두움에 속한 자들(고후 6:14, 엡 5:8) |
| ❷ 장막 문에 앉은 아브라함(1절)<br>■ 타국인, 순례자, 나그네(벧전 1:17; 2:11) | ❷ 성문에 앉은 롯(1절)<br>■ 세상과 일치한 육신적인 사람(롬 12:2, 고전 3;15, 요일 2:17) |
| ❸ 세 천사를 만남(주와 심판자들)<br>■ 몸을 굽혀 맞이함(겸손, 2절)<br>■ 대접하기에 힘씀(친절, 3-7절, 히 13:2)<br>■ 쉼(나무 아래, 8절) | ❸ 두 천사를 만남(심판자들)<br>■ 몸을 굽혀 맞이함(겸손, 1절)<br>■ 천사들을 대접함(염려, 2,3절)<br>■ 도피(지붕의 그늘 아래, 4-8절) |
| ❹ 아브라함에 대한 복<br>■ 사라의 임신(9,10,14절)<br>■ 위대하고 막강한 민족을 이루고, 모든 민족이 그 안에서 복을 받을 것임(18절)<br>➠ 복의 근거<br>■ 주의 도를 지켜 정의와 공의를 행함(19절) | ❹ 롯에 대한 자비(19-21절)<br>■ 주의 목전에서 은혜를 얻음<br>■ 큰 자비를 베푸시어 생명을 구하셨음<br>■ 소알 성읍을 무너뜨리지 않음<br>➠ 자비의 근거<br>■ 하나님께서 아브라함을 기억하시고(29절) |
| ❺ 소돔의 심판을 언급하심<br>■ 내가 이제 내려가서... 알아보리라(20,21절) | ❺ 심판의 근거<br>■ 그들의 죄가 매우 중하므로(18:20, 4-9절) |

〈아브라함의 행보 vs. 롯의 행보〉

| 창세기 18장 : 아브라함 | 창세기 19장 : 롯 |
|---|---|
| ❻ 아브라함의 중보기도(23-33절)<br>■ 주께서 그(롯)에게 자비를 베푸심 (창 19:16) | ❻ 롯의 간구(19절)<br>■ 너를 받아들였으니(21절) |
| ❼ 기도의 응답(창 19:27)<br>■ 롯을 내보내셨더라(창 19:29) | ❼ 은혜와 자비에 대한 행보<br>■ 술 취함과 근친상간 |

## 소돔의 "롯"

### 1. 영적 중립 지대에 서 있는 "롯"

1) **조롱하는 자들의 자리에 앉은 롯**(시 1:1)

(1) "**소돔과 고모라의 멸망**"은 홍수로 세상을 심판하셨던 첫 번째 심판 이후 타락한 인간들에게 내리신 하나님의 두 번째 심판이다. 롯의 날들에도 노아의 날들처럼 타락한 인간들이 "**다른 육체**"를 따름으로써 멸망하게 되는데 불로써 멸망하게 된다(유 1:6,7).

(2) 타락한 천사와 사람의 딸들 사이에 음행으로 태어난 "**다른 육체**," 이들 역시 성적으로 타락한 존재들로서 이들에 의한 극도의 성적 타락이 지상에 만연해졌다. 이것이 하나님의 질서를 파괴하는 동성애로까지 발전하여 결국 소돔은 "**저주받은 성읍**"이 된 것이다. 이런 영적 타락의 현장에서 롯은 빠져나오지 않은 채 20년 이상 머물면서 괴로워하고만 있었다(벧후 2:8).

"저주받은 성읍"으로는 "소돔" 외에도 "여리고"와 "큰 창녀 바벨론"(로마카톨릭)이 있다. 저주받은 성읍인 큰 도성 바벨론은 노아의 날들과 롯의 날들처럼 재림에 앞서 완전히 멸망당할 것이다.

2) **잃어버린 영적 분별력**(왕상 3:9, 겔 44:23)

(1) **롯은 두 천사를 맞아들일 때 매우 극진하게 대접했다**(창 19:1-3, 히 13:2). 그뿐만 아니라 음욕으로 가득 찬 동성애자들의 요구를 막아서면서 "**그처럼 악하게 행하지 말라**"며 천사들을 철저히 보호했다(창 19:7).

(2) 반면에 남자를 알지 못하는 처녀인 두 딸에 대해 롯은 오히려 "**너희 눈에 좋을 대로 행하라**"고 하면서, 악인의 음행에 자녀들을 내어 주려 했다(창 19:8).

3) **성별을 유지하지 못한 롯**(벧전 1:15)

➠ 그는 소돔에서 죄인들과의 "**영적 거리 두기**," 곧 성경적 성별을 유지하지 못했다(고후 6:14-16). 이는 롯이 했던 말을 통해서도 알 수 있는데, 그가 사악한 자들을 향해 "**형제들**"(창 19:7)이라고 불렀던 것이다.

4) **실추된 영적 권위**(삼상 2:22-25)

(1) 아브라함과 함께 이집트에서 나올 때 롯은 부유했고, 소돔에서도 높은 지위를 차지했다(창 19:9).

(2) 롯은 나이 든 자로서 믿음의 본이 되어야 했고, 또 가정을 잘 다스려야 했다. 하지만 그의 사위들이 보기에는 농담하는 자처럼 보일 정도

로 그의 영적 권위는 이미 심하게 실추되어 있었다(창 19:14). 그는 영적 삶에서 완전히 실패한 것이다.

5) **여전히 머뭇거리는 롯**(소돔 ➠ 소알 성읍 ➠ 산속)

(1) 롯은 자신에게 속한 자들을 모두 데리고 성읍을 빠져나가야 했지만, 사위들의 거부로 아내와 두 딸만 데리고 나갔다. **그런데 멸망의 아침이 밝아 오는 일촉즉발의 상황에서 롯은 여전히 머뭇거리고 있었고, 이에 천사들은 손으로 그를 강제로 이끌어 성읍 밖으로 구출한다**(창 19:16).

(2) 성읍 밖으로 인도된 롯은 산으로 도피하라는 명령을 받았지만, **여전히 자신의 눈에 옳게 보이는 대로 행하려고 했다**(창 13:10-13). 결국 롯은 소돔이 멸망한 후에야 천사들이 처음에 지시했던 대로 움직였는데, 잠시 머물렀던 소알에서 나와 "산"으로 처소를 옮긴 것이다.

〈"롯"은 "의인"인가?〉

노아가 살았던 당시, 사람들의 사악함은 세상에 창대해졌고, 개선될 기미는 전혀 보이지 않은 채 세상과 사람들은 계속 악해져만 갔다. 그 가운데서 하나님의 눈에 비친 노아의 모습은, 당대의 의인이요, 완전한 사람이었다(창 6:5,8,9). 그래서 하나님께서는 노아와 그의 가족들을 죄인들과 분리하실 필요를 느끼셨고, 더 나아가 물로 세상을 심판하시는 가운데 그들을 구원하셨다. 그렇다면 롯의 경우는 어떠한가? 롯은 "사악한 자들의 음란한 행실"과 "그들의 불법적인 행동"을 보고 들음으로써 그의 혼이 고통을 당하고 있었다. 그래서 소돔은 불로 심판하셨지만, 롯은 구해 내셨던 것이다(벧후 2:7-9).

교회 시대의 거듭난 그리스도인에게 주어지는 "하나님의 의"와 다르

> 게, 구약의 경륜 속에 살았던 "노아와 롯"은 모두 당대의 죄인들과 "같은 방탕"에 휩쓸리지 않고(벧전 4:4), 경건한 자로서 행했기에 "의인"(a just man)으로 칭함을 받았다.

## 4. 롯의 믿음의 결말

➠ **아브라함과 롯의 믿음의 행보는 창세기 18장과 19장에서 잘 대조되어 있다. 늙은 아브라함은 이삭을 선물로 약속받았지만, 롯은 소돔의 심판으로부터 겨우 목숨을 건졌다. 그는 아내를 포함하여 풍부했던 모든 소유를 잃어버렸을 뿐만 아니라, 술 취함과 남은 두 딸과의 근친상간의 죄로 인해 간증조차 잃어버리고 말았다. 우리는 이 두 사람의 대조된 결말을 통해 분명한 교훈을 얻어야 할 것이다.**

1) **소금 기둥이 된 롯의 아내**(창 19:26)

(1) **롯의 아내는 멸망하는 고향을 뒤로 둔 채 발걸음을 쉽게 떼지 못했다.** 그녀는 뒤처진 채로 롯의 뒤에서 따라가다가 결국 소돔을 돌아보고 소금 기둥이 되었다.

(2) **이와는 반대로 모압 여인 "룻"(vs. 오르파)은 자신의 고향을 뒤로한 채 시어머니인 나오미를 따라 이스라엘을 향했다(룻 1:16-18).**

> 거듭난 하나님의 자녀들은 전에는 백성이 아니었지만, 이제는 하나님의 백성이 되었고 하나님의 자비를 얻었다. 그렇기에 이전의 것들은 벗어버리고, 앞에 있는 것들에 손을 뻗쳐야 할 것이다(벧전 2:10, 빌 3:13).

2) <u>딸들로 인한 술 취함과 근친상간의 죄</u>

(1) 당대의 의인이었던 노아는 물로 심판받은 세상에서 구원받았지만, 이후 포도주에 취하여 벌거벗었고 아들 함에게 동성애의 죄를 허용하고 말았다. **<u>롯 역시 의인이었고 불로 심판받은 소돔에서 간신히 구출되었지만, 나중에 포도주에 취하여 벌거벗었고 딸들에게 근친상간의 죄를 허용하고 말았다</u>**.

(2) 『**아버지의 씨를 보존하기 위함이라.**』(창 19:34)라는 큰딸의 동기는 인간적인 발상에서 나온 것으로서 하나님을 대적하는 동기였다. **<u>씨의 보존은 사람이 아니라 주 하나님께서 하실 일이기 때문이다</u>**. 씨의 보존과 관련하여 유전자를 조작하는 생명과학과 진화론은 모두 창조주이신 하나님을 정면으로 대적하고 있다. 결국 큰딸의 잘못된 동기와 행실은 이스라엘을 괴롭히는 위치에 서게 된 "모압인"과 "암몬인"이 이 땅에 등장하는 시발점이 되고 말았다.

■ 새롭게 깨달았거나 적용할 내용이 있다면 적어 보세요. ■

# 제3과
# 복습문제

1. 성경은 여러 곳에서 롯이 아브라함의 형제인 하란의 아들(11:27), 곧 아브라함의 조카임을 명시하고 있다(창 14:12). 그럼에도 불구하고 다른 편에서는 그를 "자기 (　　　　　)"라 부르고 있다(창 13:8; 14:14).

2. 아브라함이 약속의 땅에서 기근을 만났을 때, 그는 롯을 두고 이집트로 내려갔다. ( O , X )

3. 이집트에서 나온 아브라함은 그 땅이 수용할 수 없을 만큼 소유가 넘쳤지만, 롯은 전혀 그렇지 못했다. ( O , X )

4. 시날 왕 아므라벨의 때에 소돔에 거하던 롯은 재산을 빼앗기고 포로 신세가 되고 말았다. 이에 아브라함은 롯을 구하기 위해 318명을 무장시켜 끝까지 추격하여 그를 구해 냈다(창 14:14-16). ( O , X )

5. 아브라함의 기도는 최종적으로 그 성읍에 (　　　　)이 10명만 있다면, 그곳을 파괴하지 말아 달라는 간구였다.

6. 롯은 영적 타락의 현장인 소돔에서 빠져나오지 않은 채로 20년 이상을 머물면서 괴로워하고만 있었다. 그곳은 하나님의 질서를 파괴하는 (　　　　)가 만연한 "저주받은 성읍"이다.

7. 교회 시대의 거듭난 그리스도인에게 주어지는 "하나님의 의"와 달리, 구약의 경륜에 속한 "노아와 롯"은 모두 당대의 죄인들과 "같은 방탕"에 휩쓸리지 않고(벧전 4:4) 경건한 자들로서 행했기에 "의인"(a just man)으로 칭함을 받았다. ( O , X )

8. 결국 롯에게 남은 것은 소금 기둥이 된 그의 (          )와 근친상간의 죄를 범한 두 딸에게서 난 두 손자 (          )과 (          )뿐이었다.

■ 복습 문제의 정답은 홈페이지(www.solomonbtc.org)에서 확인할 수 있습니다.

■ 새롭게 깨달았거나 적용할 내용이 있다면 적어 보세요. ■

# NOTES

# NOTES

# 제4과

# 아브라함의 씨에 대한 사탄의 공격 (20,21장)

『사라가 임신하여 늙은 나이의 아브라함에게 아들을 낳으니, 이는 하나님께서 그에게 말씀하신 정하신 때라』(창 21:2).

## 약속된 씨를 보호하시는 하나님(이삭의 출생 이전)

한 민족이 멸망하는 원인은 다양하지만, 역사적으로 볼 때 전쟁과 기근 그리고 전염병이 원인인 경우가 대부분이었다. 하지만 그 중에서도 "씨를 끊어 버리는 것"은 한 민족을 멸망시키는 가장 확실한 방법이다. 사탄은 이것을 너무도 잘 알고 있었기 때문에 하나님께서 계획하신 씨에 대한 언약을 무산시키기 위해 첫 사람 아담부터 마지막 아담에 이르기까지 지속적으로 그 씨를 공격해 왔다. 씨에 관한 하나님의 계획을 무산시키려는 사탄의 공격은 "씨를 혼잡케 하는" 양상으로도 나타났는데, 예를 들어 사탄은 아브라함의 씨가 아닌 이방 왕들의 씨로 대체하려고 했던 것이다(창 12:15; 20:2).

창세기 19장은 하나님을 뜻을 거스르면서까지 "아버지의 씨를 보존"하려고 근친상간의 죄를 저지른 롯의 딸들의 타락상으로 끝을 맺는다. 반면 창세기 20장에서는 약속하신 아브라함의 씨를 사라를 통해 온전히 보존하시고자 그녀를 악으로부터 지키시는 하나님의 선하심과 자비하심이 나타난다.

### 1. 틈을 내어 준 아브라함

1) 하나님께서 창세기 18:10에서 아브라함에게 약속하신 그 시간이 다가오

자, 마귀가 방해를 놓기 시작한다. 예수 그리스도께서 이 땅에 오셔서 사역을 시작하셨을 때도 사탄은 광야에서 예수님을 시험함으로써 하나님의 계획을 무산시키려고 했다. 한때 사라의 육신적인 대처 방법에 귀를 기울인 아브라함으로 인해 하나님의 뜻이 아닌 한 씨가 태어난 적이 있었는데, 지금은 사라에게 "다른 씨"를 잉태하게 하려는 시도가 아비멜렉 왕을 통해 일어나고 있다.

2) 『**"그녀는 내 누이라." 하였으므로... 사라를 데려가니라**』(2절). 사라를 자신의 누이라고 말한 것은 이번이 처음은 아니다(창 12:17-20). 그녀를 아내라고 곧이곧대로 말하면 그들이 자신을 죽일 것이 뻔했기 때문인데, 다만 여기서 한 가지 덧붙인 것은 "이곳에는 하나님을 두려워함이 없기에 그렇게 했다."라는 그의 "영적인 알리바이"(변명에 불과함)였다. 사실 하나님을 두려워하지 않은 것은, 아비멜렉이 아니라 자신에게 닥친 시험 앞에 하나님을 믿고 의지하기보다 인간적인 지혜로 문제를 회피해 보려 했던 아브라함 자신이었다(11절, 창 22:12 vs. 잠 14:26).

## 2. 하나님의 자비하심

아비멜렉은 꿈에 나타나신 하나님 앞에서 자신의 온전함과 무죄함에 대해 항변했고, 모든 신하 앞에서 하나님의 명령을 그대로 전달했다. 그리고 "선지자" 아브라함을 불러서 그의 말을 듣는다(창 20:7, cf. 행 7:37). 결국 그는 하나님을 두려워하고 아브라함에게 친절을 베풂으로써 하나님께서 베푸시는 자비를 얻게 된다.

1) **아비멜렉의 항변 ❶**

(1) 『**주여, 주께서는 의로운 민족도 죽이시려나이까?**』(4절) "우리는 소돔처럼 성적으로 타락한 민족이 아닙니다. 단지 아브라함이 사라를 누이라고 하면서 속였기에 그녀를 아내로 취하려 했을 뿐입니다."

(2) 『**나도 너를 막아 내게 죄를 짓지 않게 하려 하였나니**』(6절). 하나님께서는 "아무렴, 그래서 나도 너에게 그 사실을 미리 알렸고, 약속의 씨에 대한 성취를 가로막는 너의 죄를 사전에 차단하려 한 것이다."라고 하시면서 그의 첫 번째 항변을 일축하셨다.

2) 아비멜렉의 항변 ❷

(1) 『**내가 네게 무슨 죄를 지었기에... 나와 내 왕국에 큰 죄를 가져왔느냐? 네가 해서는 안 되는 일을 내게 행하였도다**』(9절). 하나님 앞에서 항변했던 아비멜렉은 이제 아브라함에게도 재차 울분을 터트리고 있는데, 내용인즉슨 "네가 사라를 누이라며 속였기에 하마터면 내 왕국의 씨가 말라 멸망할 뻔했다."라는 것이었다(18절).

(2) 『**기도하였더니**』(17절). 아비멜렉의 항변에 대한 해명(?)과 함께 아브라함은 중보기도를 했다. 그 결과 아비멜렉의 사람들은 하나님으로부터 치유를 받고 자녀들을 낳았다. 하나님께서 세우신 선지자의 열렬한 기도(약 5:16)로 인해 그들은 멸망에서 생명으로 돌이켜졌다.

■ "선지자" 아브라함(창 20:7) ■

『이는 내 사랑하는 아들이니, 그의 말을 들으라』(눅 9:35). 『주 너희 하나님께서 너희 형제 가운데서 나와 같은 한 선지자를 너희에게 일으키시리니 너희는 그의 말을 들으라』(행 7:37).

❶ 성경에서 선지자는 하나님의 말씀에 순종하고, 말씀을 있는 그대로

전파하며 하나님께서 그의 기도를 들으시는 사람이다. 하지만 선지자라 할지라도 모세처럼 이방 여인을 아내로 맞기도 하고, 다윗처럼 다른 사람의 아내를 취하는 죄를 범하기도 하며, 요나처럼 때로는 하나님의 명령에서 벗어나기도 한다. 그럼에도 불구하고 성경은 그들을 선지자라 부르시고, 또 하나님께서는 그들을 들어 쓰신다. 왜냐하면 그들의 마음의 중심에는 하나님을 두려워함과 순종함이 있기 때문이다

❷ 아비멜렉에게 "그는 선지자"라고 말씀하신 것은 "그의 말을 들으라."라는 의미가 담겨 있다. 아비멜렉의 눈에는 아브라함이 거짓말쟁이요, 자기 민족을 파멸로 이끌 뻔한 대역 죄인이었을 뿐이다. 하지만 하나님께서 아브라함을 선지자라고 하신 것은 그가 대단한 사람이어서가 아니라, 하나님께서 그를 통해 말씀하고 계시기 때문이다. 아브라함에게 "사라가 하는 모든 말에게 경청하라."(창 21:12)라고 명령하신 것도 이와 같은 맥락에서였다.

❸ 신약에서 데살로니가 교회의 성도들은 "하나님의 말씀을 받을 때 사람들의 말로 받아들이지 아니하고 사실 그대로 하나님의 말씀으로"(살전 2:13) 받아들였기 때문에 말씀이 믿는 그들 가운데서 효과적으로 역사했다. 그들은 "바울의 입을 통해 전파되는 하나님의 말씀"에 귀를 기울인 것이다. 성령께서 "들을 귀 있는 자는 들으라."라고 우리에게 지속해서 말씀하시는 이유도 여기에 있다(눅 8:8, 계 1:3).

■ 새롭게 깨달았거나 적용할 내용이 있다면 적어 보세요. ■

## 약속된 씨를 보호하시는 하나님(이삭의 출생 이후)

약속된 씨가 잉태되고 태어나기까지 하나님의 돌보심이 필요한 것처럼, 태어나서 자라나는 데도 하나님의 보호하심이 필요하다. 특히 불순종함으로 인해 생긴 육신의 씨(이스마엘)와 약속된 씨(이삭)가 분리될 때, 하나님께서 아브라함에게 놀라운 복으로 더해 주시는 것을 창세기 21장에서 확인할 수 있다.

### 1. 약속하신 씨의 탄생

1) **신실하신 하나님** : 『**주께서 자신이 말씀하셨던 대로... 행하셨으므로**』(1절). "사라를 통한 아브라함의 씨"에 대한 약속을 이루시기 위해 하나님께서 이제 움직이신다. 하나님께서 자신이 말씀하셨던 대로, 정하신 때를 따라 사라를 찾아오셨고, 사라에게 행하셔서 사라에게 이삭을 주셨다(1,2절). 더욱 놀라운 것은 아무것도 기대할 것이 없었던 늙은 아브라함에게 그 아들을 주신 것이었다. **이것이 바로 불가능을 가능하게 하시는 "하나님의 위대하심"이며, 약속하신 일에 대한 "하나님의 신실하심"이다.**

하나님께서는 언제나 자신이 말씀하신 대로 행하시고, 정하신 때에 이루시며, 그분의 방법대로 약속하신 바를 지키시는 분이시다. 그리스도인의 기도와 간구도 마찬가지이며, 그뿐만 아니라 하나님께서 뜻하시고 목적하신 바는 모두 이러한 영적 원리 가운데서 이루어진다.

2) <u>사라를 웃게 하신 하나님</u> : 『**하나님께서 나를 웃게 하셨으니**』(6절). 아브라함을 찾아온 주의 천사를 통해 사라는 자신이 아들을 가질 것이라는 약속을 받는다. 하지만 자신은 여인들의 관례도 끊나 노쇠했고, 아브라함도 늙었는데 어찌 그런 즐거움이 있겠느냐며 속으로 웃었다. 그리고 그것을 부인하던 그녀에게 하나님께서 "아니라, 네가 웃었느니라."라고 책망하셨다(창 18:10-15).

➡ 하나님의 미리 아심 가운데 예정된 약속의 씨가 사라에게서 태어나자, 그녀의 얼굴에는 웃음이 만연했다. 믿지 않았던 그녀의 웃음에 대해 하나님께서 "아니라, 네가 웃었느니라."라고 책망하시던 그 말씀에는, 이삭의 탄생으로 인해 가질 그녀의 기쁨을 미리 내다보시면서 "아니라, 내가 너를 웃게 할 것이라."라는 이중적 의미가 내포되어 있다. 하나님께서는 종종 미래에 이루어질 일들에 대해 마치 현재 벌어지고 있는 일처럼 말씀하신다(수 1:3).

3) "큰 잔치"가 "큰 근심"으로 다가옴(8-11절)

➡ 이삭이 젖을 떼던 날에 아브라함은 기쁨과 함께 큰 잔치를 마련했다. 아이를 갖지 못했던 사라에게는 위로의 잔치였다. 하지만 하갈에게서 태어난 이스마엘의 조롱으로 인해 사라는 "그들을 내쫓으라"고 아브라함에게 압박을 가한다. 이것은 단순한 감정 문제를 넘어서는 문제였는데, "아브라함의 씨"로서 누가 진정한 상속자인가에 관한 아주 중요한 문제였던 것이다. 하지만 14년 동안 외아들로 지냈던 이스마엘을 내쫓는 일은 그에게 큰 근심거리가 되고 말았다.

영원한 생명을 선물로 받은 그리스도인의 삶도, 구원의 기쁨에 뒤이어 영적 성장을 통한 믿음의 시련이 뒤

따르기 마련이다. 그리고 그것으로 인해 잠시 슬퍼할 수도 있음을 명심해야 한다(벧전 1:6).

4) 그녀의 음성에게 경청하라(12절).

➡ 아브라함은 귀를 가울이지 않아야 할 때 귀를 기울임으로써 하나님과의 교제가 13년이나 끊어져 버린 적이 있었다(창 16:16 ➡ 창 17:1). 그런 그에게 사라의 음성에 경청하라고 명령하신 것은 그를 당혹하게 하는 일이었지만, 그녀의 말이 하나님의 뜻에 합당하므로(창 17:19) 그렇게 명령하신 것이었다. 하나님께서는 "씨"에 관하여 "네 씨는 이삭에게서 난 자가 될 것이요, 네 씨는 큰 민족을 이룰 뿐만 아니라, 네게 보여 주는 땅을 네 씨에게 주리라."(창 12:7; 13:14-17)라고 하시면서 다시 한번 그 약속을 분명히 하고 계신다.

## 2. 누가 약속의 씨인가?

아브라함이 99세였을 때, 주께서 그에게 한 언약을 세우시고 그를 아브람에서 아브라함으로 부르시며 그로 많은 민족들의 아비가 되게 하셨다. 그뿐만 아니라 그 씨에 대한 약속으로 카나안의 모든 땅을 영원한 소유로 줄 것을 약속하셨다. 그리고 그 언약의 표적으로서 할례를 행하게 하셨다(창 17:1-14).

1) 『**이삭 안에서 난 자가 네 씨**』(12절) vs. 『**그도 너의 씨**』(13절)

➡ 아브라함이 처음 할례의 명령을 받고 그것을 행했을 때는 이미 이스마엘이 태어난 지 13년이 되는 해였다(창 17:25). 이후 이삭은 그 명령에

따라 팔일째에 할례를 받았다(4절). 이들은 모두 할례를 받은 것이다.

2) 유업에 대한 약속(대상 16:15-18, 시 105:8-11)

(1) 14절부터 17절까지의 말씀을 보면 하갈과 이스마엘이 쫓겨나는 것을 볼 수 있다. 아들 이스마엘로 인해 의기양양했던 하갈은 이제 광야로 쫓겨나 죽음을 앞둔 신세가 되었고, 자신의 처지를 비관하며 죽기를 바라고 있다. 이에 하나님께서 응답하시되, 그 대답은 그녀에 관한 것이 아니었다. 분명 하나님께서는 그녀가 아닌 "그의 목소리"를 들었다고 말씀하셨는데(17절), 이것은 하나님께서 그와 함께하신다는 사실을 보여 준다. 다만 그들이 약속의 땅에서 쫓겨난 것은 "**<u>이 땅을 네 씨에게 주리라</u>**."(창 12:7)라는 "약속의 씨에 대한" 하나님의 약속 때문이었다.

(2) 18절부터 20절까지의 말씀을 보면 이삭과 마찬가지로 이스마엘도 그의 씨라 말씀하시면서 그에게 큰 민족을 이루어 주실 것을 약속하셨다(18절). 그 약속에 따라 그는 파란 광야에 거했고, 활 쏘는 자로서 장차 한 민족(아랍 민족)을 이루게 된다(창 21:13). 그럼에도 불구하고 약속된 씨가 "이삭"인 이유는 "**<u>네 안에서 땅의 모든 족속들이 복을 받을 것</u>**"이라는 약속 때문이었다(창 12:3 cf. 창 41:56,57). 그뿐만 아니라 그 안에서 아브라함의 약속된 씨인 예수 그리스도(갈 3:16)와 아브라함의 영적 후손들을 통해 모든 족속이 복을 받을 것이기 때문이었다(롬 11:1-25). 따라서 약속된 씨는 이스마엘이 아닌 "이삭"이었다(롬 9:7,8, 갈 4:23, 히 11:17-19).

(3) 약속된 씨의 보존(21절 vs. 창 24:4)

➠ 이스마엘은 하갈이 그녀의 고향 이집트에서 얻어 준 아내를 취했다. 결국 이스마엘의 자손은 하나님께서 약속하신 씨가 아님이 드

러났다. 반면에 이삭은 아브라함의 종 엘리에셀(창 15:2)을 통해 그의 고향에서, 곧 그의 친족 가운데서 리브가를 아내로 맞았다 (창 24:4).

## 3. 이방인과 맺은 최초의 언약

1) 아브라함과 함께하시는 하나님(22절)

➠ 아브라함이 롯으로부터 분리하자 그에게 복을 주셨듯이(창 13:14-17), 이제 하갈과 그녀의 아들을 사라와 이삭으로부터 분리하자 하나님께서 또다시 그에게 복을 주신다는 사실을 아비멜렉의 눈을 통해 볼 수 있다. 이러한 성별은 오늘날에도 그리스도인이 하나님께 복을 받는 기본 원리가 된다(고후 6:14-18).

2) 두려움에 떠는 이방 왕(23절)

➠ 이미 아브라함에게 속은 경험이 있던 아비멜렉은 그와 함께하시는 하나님으로 인해 두려웠다. 그래서 그에게 베풀었던 친절(창 20:14,15)을 들먹이면서, 자신들에게도 그와 같이 행함으로써 안전을 보장해 줄 것을 맹세로 요구하고 있다. 이에 아브라함은 "양과 소를 취하여 아비멜렉에게 줌으로써"(27절), 그와 맺은 언약이 얼마나 확실한 것인지 그에게 확신시켜 주었다(고후 8:11).

3) 아비멜렉을 향한 책망(25,26절)

➠ 그 어느 지역보다도 중동에서는 생명의 근원인 "샘물"이 "아내"에 비유될 정도로(잠 5:15-20) 매우 소중한 재산이다. 그래서 아브라함은 아비멜렉의 종들의 부당한 행위에 대해 그를 꾸짖었다. 이것은 아브라함의

소중한 아내인 사라를 아비멜렉이 빼앗으려 했던 당시의 상황을 연상하게 한다. 하지만 현재 아브라함은 그때와는 다르게 그러한 아비멜렉의 부당한 행위를 책망할 수 있을 정도의 위치에 있을 만큼 하나님의 복을 받았다.

4) 자신의 소유를 맹세로 확증함(29,30절)

➡ "일곱"은 하나님께서 정하신 맹세와 관련이 있는데, 특히 아브라함에게 하신 영원한 언약과 관련이 있다(창 13:15; 17:19). 그런데 아비멜렉이 빼앗으려고 했던 "아브라함의 소유"(사라와 우물 : 씨와 땅)는 분명 하나님께서 그에게 약속하신 것들이었다. 그래서 암양 새끼 일곱으로 그 사실에 대해 맹세로 확정하면서 그에 합당한 "주의 이름"("**영원하신 하나님**")을 찬양했다(33절).

■ 새롭게 깨달았거나 적용할 내용이 있다면 적어 보세요. ■

# 제4과
# 복습문제

1. 사탄은 약속된 씨에 대해 지속적으로 공격하는데, 아브라함의 약속된 씨가 잉태하기 전에는 (　　　　)을 통해 공격했고, 출생 후에도 아브라함의 육신의 씨인 (　　　　　　)과 그의 어머니가 그를 박해했다.

2. 아비멜렉에게 아브라함을 선지자라고 한 것에는 "그의 말을 들으라."라는 하나님의 뜻이 담겨 있다. 비록 아비멜렉의 눈에는 거짓말쟁이요, 자기 민족을 파멸로 이끌 뻔한 큰 죄인이었지만, 하나님께서 그를 통해 (　　　　　)하시고, 그의 (　　　　　)를 들으시기 때문이다.

3. 아브라함은 귀를 기울이지 않아야 할 때 귀를 기울임으로써 하나님과의 교제가 13년 동안 끊어진 적이 있었다. 하나님께서 그런 그에게 사라의 음성에 경청하라고 하신 것은(창 17:19) 그를 당혹하게 하는 일이었지만, 그녀의 말이 하나님의 (　　　　　　　)에 합당하므로 그렇게 명령하신 것이었다.

4. 비록 하나님께 죄를 지을 뻔했지만 선한 양심을 갖고 있었던 그랄 왕은 속죄를 위한 표시로써 은 (　　　　) 개를 아브라함에게 보상해 주었다. 이로 인해 아비멜렉의 집안에 내렸던 저주는 풀렸고, 하나님께서는 그들에게 닫으셨던 태를 여심으로써 자비를 베푸셨다.

5. 이삭은 하나님의 명령에 따라 팔일째에 할례를 받았지만, 이스마엘은 이집

트인 여종 하갈에게서 태어난 아들로서 약속의 씨가 아니므로 할례를 받지 않았다. ( O , X )

■ 복습 문제의 정답은 홈페이지(www.solomonbtc.org)에서 확인할 수 있습니다.

■ 새롭게 깨달았거나 적용할 내용이 있다면 적어 보세요. ■

# NOTES

# NOTES

# NOTES

# 제5과
# 사랑하는 독자 이삭을 바치다 (22,23장)

『하나님께서 말씀하시기를 "네 아들, 곧 네가 사랑하는 네 독자 이삭을 이제 데리고 모리아 땅으로 가서, 산들 중에서 내가 네게 알려 줄 한 산에서 그를 번제로 드리라." 하시더라』(창 22:2).

## 모리아 산으로 향하는 아브라함과 이삭(22:1-6)

### 1. 하나님께서는 아브라함에게 독자 이삭을 바칠 것을 요구하시며 아브라함을 시험하셨다.

『이 일들 후에 하나님께서 아브라함을 시험하시며 그에게 말씀하시기를 "아브라함아" 하시니, 그가 말하기를 "보소서, 내가 여기 있나이다." 하더라. 하나님께서 말씀하시기를 "네 아들, 곧 네가 사랑하는 네 독자 이삭을 이제 데리고 모리아 땅으로 가서, 산들 중에서 내가 네게 알려 줄 한 산에서 그를 번제로 드리라." 하시더라』(1,2절).

1) **하나님께서는 아브라함을 "악으로" 시험하지 않으셨다.** **『누구든지 시험을 받을 때 "나는 하나님께 시험을 받는다."고 말하지 말지니, 하나님께서는 악으로 시험을 당하지도 아니하시고 또 그분 자신이 아무도 시험하지 않으시기 때문이라』**(약 1:13). 하나님께서 아무도 시험하지 않으신다고 하니까 모든 시험은 마귀에게서 오는 것으로 생각하기 쉬운데 그렇지 않다. 하나님께서는 "무작정 시험하지 않으시는" 것이 아니라, "악으로 시험을 당하지도 않으시고 악으로 시험하지 않으실" 뿐이다.

2) **일반적으로 "시험한다"는 포괄적인 말 안에는 두 가지 의미가 내포되어 있다.** 첫 번째로 **죄를 짓도록 유혹하는 것이다.** 이것이 바로 악으로 시험하는 것이다. 두 번째로 **이 사람의 믿음이 정말 그러한지 확인하기 위해 테스트하는 것이다.** 이것은 악으로 시험하는 것이 아니며, 하나님께서 아

브라함을 시험하신 것은 이 두 번째 상황에 해당한다. 즉 확인해 보시는 것이다.

3) **아브라함의 생애에는 네 번의 영적 위기가 있었는데, 그때마다 아브라함은 인간의 본성상 가장 소중한 것을 내어놓아야 했다**. 먼저 갈데아 우르를 떠나야 했다. 즉 고향과 친족을 내어놓아야 했다. 다음으로 조카 롯과 결별해야 했다. 아브라함에게 있어서 롯은 자신의 유일한 피붙이였고 상속자가 될 수도 있는 인물이었다. 그리고 이스마엘을 내쫓아야 했다. 즉 이스마엘에 대한 아브라함 자신의 계획을 버려야 했던 것이다. 마지막으로 독자 이삭을 바쳐야 했다.

## 2. 아브라함은 지금까지 "약속의 씨에 대한 믿음"의 시험을 받은 적이 없었다.

➠ 아브라함은 다만 믿었을 뿐이다. 하나님께서 "네 씨를 주리라."라고 말씀하셨을 때 그냥 믿었던 것이다. 그런데 지금은 그 약속의 씨에 대한 믿음이 시험대에 올라와 있다. **시험은 "자기가 사랑하는 것"에 대해 시험을 받을 때 진정한 시험이 된다**. 하나님께서는 가장 소중한 것도 주님을 위해 내려놓을 수 있느냐고 물으시는데, 결코 쉽지 않은 그 일에 아브라함은 믿음으로 반응했다.

## 3. 아브라함은 모리아 땅으로 가서 이삭을 번제로 드려야 했다(2절).

1) 모리아 땅은 예루살렘이 있는 지역이다. 예루살렘 안에서 동편에 있는 언덕이 바로 모리아 산이다. 모리아 땅은 솔로몬 성전이 세워졌던 "성전 터"

였고(대하 3:1), 다윗이 백성들을 계수한 죄로 인해 하나님의 진노가 있었을 때 그가 여부스인 아라우나의 타작마당을 사서 제단을 세우고 번제를 드렸던 곳이다(삼하 24:18-25). **성경에는 나와 있지 않지만, 독자 이삭을 바친 사건이 그리스도의 죽음에 대한 분명한 예표라는 사실을 감안하면, 모리아 산은 분명 예루살렘 성문 밖의 갈보리(골고다)였을 것이다**(히 13:12). 실제로는 "성전 산"과 "갈보리"가 위치상 서로 떨어져 있지만, 모리아 땅, 곧 예루살렘이라고 하는 큰 영역으로 보면 둘 다 한 영역 안에 있는 것이 된다.

2) **"이삭을 번제로 드리라"는 것은 그를 실제로 죽이라는 말이었다.**

(1) 재판관 입다 역시 자신의 딸을 번제로 드렸는데, 잘못된 서원이긴 해도 실제로 바쳤던 것이다. 아브라함도 실제로 이삭을 번제로 드리라는 요구를 받고 있는 것이다. 물론 하나님께서는 "인신 제사"를 요구하신 것이 아니었고, 아브라함이 어떤 시험에도 순종하여 시험을 이길 수 있는지 확인해 보시려는 것뿐이었다. **하나님께서 아브라함에게서 보고자 하셨던 것은, 첫째, "독자 이삭을 아끼지 않고 드릴 믿음이 있는가?"이고, 둘째, "드린 이삭을 다시 돌려받을 수 있다는 믿음이 있는가?"였다.**

(2) 하나님께서는 특히 이삭의 부활에 대한 믿음을 아브라함에게서 보기 원하셨다. 왜냐하면 이삭은 그를 통해 민족을 이루겠다고 하셨던 "약속의 씨"였기 때문이다(창 17:21). 그런데 이삭이 죽으면 하나님의 그 언약은 취소가 되는 것이 아닌가? 따라서 아브라함은 비록 이삭을 번제로 드린다 해도 그의 부활을 바라봐야 했던 것이다. 이것이 그가 가진 약속의 씨에 대한 믿음이었는데, 하나님께서는 바로 그 믿음을 시험해 보려고 하셨던 것이다.

(3) 다음의 말은 이삭의 부활에 대한 아브라함의 믿음을 보여 준다. 『**아브**

**라함이 그의 청년들에게 말하기를 "너희는 나귀와 함께 여기에서 머물라. 나와 아이는 저기로 가서 경배드리고, 다시 너희에게로 돌아오리라." 하고』**(창 22:5). 아브라함은 이삭을 죽이러 가면서 그 아들과 다시 돌아올 것이라는 말을 했다! **『그는 하나님께서 죽은 자들로부터 그를 살리실 수 있으리라고 생각하였음이라. 이로써 그는 모형으로 그를 죽은 자 가운데서 다시 받은 것이니라』**(히 11:19). **아브라함은 번제에 쓸 나무를 이삭에게 지우고 가게 했는데(6절), 이것은 예수님께서 갈보리 십자가를 향해 자신의 십자가 형틀을 지고 가신 모습을 보여 준다.** 이삭은 아버지께 순종하여 십자가를 지신(빌 2:8) 예수 그리스도의 중요한 예표인 것이다. 이삭은 죽음에까지 순종한 아들이었다.

## 이삭을 번제로 드리는 아브라함(22:7-14)

『이삭이 그의 아비 아브라함에게 고하여 말하기를 "나의 아버지여." 하니, 그가 말하기를 "내 아들아, 내가 여기 있노라." 하니, 그가 말하기를 "불과 나무를 보소서. 그런데 번제에 쓸 어린양은 어디 있나이까?" 하자, 아브라함이 말하기를 "내 아들아, 하나님께서 자신을 번제에 쓸 어린양으로 마련하실 것이라." 하고, 두 사람이 함께 가더라』(7,8절).

### 1. "내 아들아, 하나님께서 자신을 번제에 쓸 어린양으로 마련하실 것이라"(8절).

➠ "그런데 번제에 쓸 어린양은 어디 있나이까?"라는 이삭의 질문에 대한 아브

리함의 답변은, 그가 하나님의 거룩한 사람으로서 성령의 감동을 받아(벧후 1:21) 예언했음을 보여 준다. **아브라함은 선지자였기에 "하나님께서 자신을 번제에 쓸 어린양으로 마련하실 것이라."는 말의 진정한 의미를 깨닫지 못한 채 말할 수 있었다**(cf. 벧전 1:10,11). 하나님께서 자신을 번제에 쓸 어린양으로 마련하신 때는 『**하나님의 어린양**』(요 1:29,36)께서 십자가의 제물로서 나타나신 초림 때였다(딤전 3:16). **그런데 하나님께서는 어린양 대신에 "숫양"을 마련해 주셨다**(13절). 숫양도 번제를 드리기에 합당한 제물이므로 아무런 문제는 없지만, **아브라함이 말한 『번제에 쓸 어린양』은 아니었으므로 아브라함의 예언이 당시에 완벽하게 성취된 것은 아니었다. 말하자면 『하나님께서 자신을 번제에 쓸 어린양으로 마련하실 것이라.』라는 예언의 완벽한 성취는 초림 때인 것이다(갈보리 십자가)**.

## 2. 아브라함이 칼로 이삭을 죽이려 하자, 그 순간 하나님께서 그 일을 막으셨다(12절).

『그가 말하기를 "네 손을 아이에게 대지 말고 아무 일도 그에게 하지 말라. 네가 네 아들, 네 독자라도 내게 아끼지 아니하였으니, 나는 이제 네가 하나님을 두려워하는 줄을 아노라." 하더라』(12절).

1) **이로써 이삭은 실제로 죽은 것은 아니지만 "예표적으로는" 죽었다가 다시 살아난 것이 되었다**. 따라서 이것은 우리에게 예수님의 십자가 사건에 대한 위대한 예표를 보여 준다. **왜냐하면 아브라함 편에서는 아들을 죽인 것이나 다름없는 사건으로서 자기 아들을 내어 주신 하나님 아버지의 모습을 잘 예표해 주기 때문이다**. 이삭은 독자였기에 독생자이신 예수 그리

스도를 예표한다. **성경에서 "독생자"(only begotten son, 요 3:16)란 표현이 나오는데, 예수 그리스도 이외에 유일하게 이 표현이 사용된 인물은 "이삭"이었다.** 『**믿음으로 아브라함은 시험을 받을 때 이삭을 제물로 드렸으니, 그 약속들을 받은 자가 그의 독생자를 드린 것이라**』(히 11:17). 이삭은 죽었다가 다시 살아나신 독생자 예수 그리스도의 강력한 예표와 모형이 된다. 『**그는 하나님께서 죽은 자들로부터 그를 살리실 수 있으리라고 생각하였음이라. 이로써 그는 모형으로 그를 죽은 자 가운데서 다시 받은 것이니라**』(히 11:19).

2) **말하자면 아브라함은 "모형"으로써 아들의 죽음과 부활을 경험한 것이다.** 그런 면에서 아브라함은 간접적으로 예수 그리스도의 날을 본 셈이 된다. 요한복음 8:56에서 예수님께서 하신 말씀이 바로 그런 뜻이었다. 『**너희 조상 아브라함은 나의 날 보기를 기뻐하다가 그후 그것을 보고 즐거워하였느니라**』(요 8:56). **이것은 아브라함이 예수 그리스도를 믿고 구원받았다는 말이 아니라, "예수 그리스도께서 보실 때" 이삭의 죽음과 부활이 예수님 자신의 죽음과 부활을 예표한다는 뜻이었다.** 그래서 예표로 제시된 이삭의 죽음과 부활을 『**나의 날**』이라고 하셨던 것이다.

3) 아브라함은 자기 뒤에 수풀에 걸려 있는 숫양 한 마리를 잡아다가 이삭 대신 번제로 드렸다(13절). 그는 그곳의 이름을 "여호와 이레"라고 불렀는데(14절), 이는 "여호와께서 마련하신다."라는 뜻이다. 하나님께서는 우리의 구원을 위한 십자가의 제물을 친히 마련하셨을 뿐만 아니라, 우리에게 필요한 모든 것을 마련하신다. 따라서 우리에게 필요한 것은 주님을 신뢰하는 것뿐이다. 『**그러므로 우리가 은혜의 보좌로 담대히 나아가자. 이는 우리가 자비를 얻고 필요한 때에 도우시는 은혜를 발견하기 위함이라**』(히

4:16). 『**그러나 나의 하나님께서 그리스도 예수를 통하여 영광 가운데서 그의 풍요함을 따라 너희의 모든 필요를 채워 주실 것이라**』(빌 4:19).

## 아브라함의 언약이 확정됨(22:15-19)

『**주**의 천사가 하늘로부터 두 번째로 아브라함을 불러, 말하기를 "**주**가 말하노라. 내가 스스로 맹세하노라. 이는 네가 이같이 행하여 네 아들, 곧 네 독자를 아끼지 아니하였음이니, 복으로 내가 네게 복을 주고, 번성으로 내가 너의 씨를 하늘의 별들처럼, 또 바닷가의 모래처럼 번성케 하리니, 네 씨가 그의 원수들의 문을 차지하리라. 네 씨 안에서 땅의 모든 민족들이 복을 받으리니, 이는 네가 나의 음성에 복종하였음이라." 하더라. 그리하여 아브라함이 그의 청년들에게로 돌아와서, 그들이 일어나 함께 브엘세바로 떠났으니, 아브라함이 브엘세바에 거하였더라』(15-19절).

➡ **아브라함의 복종은 창세기 13:16; 15:5; 17:2의 언약을 확정 짓는 결과를 낳았다**. 이것은 주 하나님의 음성에 복종하는 것이 얼마나 복된 일인가를 잘 보여 준다(삼상 15:22,23).

### 1. 아브라함은 믿음으로 의롭게 여겨진 뒤(15:6) 그의 행위로 의롭게 되었다(약 2:21).

1) 창세기 15:5,6(믿음) ➡ 『**그를 밖으로 데리고 나가 말씀하시기를 "이제**

**하늘을 쳐다보고 별들을 셀 수 있다면 그 별들을 세어 보아라." 또 그에게 말씀하시기를 "너의 씨가 이와 같으리라." 하시더라. 아브람이 주를 믿으니 주께서 그것을 그에게 의로 여기셨더라.』** cf. <u>로마서 4:9</u> - **『그러면 이러한 복이 할례자에게만이냐? 아니면 무할례자에게도냐? 이는 우리가 말하기를 "아브라함에게는 믿음이 의로 여겨졌노라."고 했음이라.』**

2) <u>야고보서 2:21(행위)</u> ➠ **『우리의 조상 아브라함이 자기 아들 이삭을 제단에 드렸을 때, 그가 행함으로 말미암아 의롭게 되지 아니하였느냐? 믿음이 어떻게 그 행함과 더불어 작용하였으며, 믿음이 행함으로 온전케 되었음을 네가 보느냐? 그리하여 "아브라함이 하나님을 믿으니 그것이 그에게 의로 여겨졌느니라."는 성경이 이루어졌고, 그는 하나님의 친구라 불렸느니라. 이제 너희가 알거니와 사람이 행함으로써 의롭게 되는 것이요, 믿음으로만 되는 것이 아니니라』**(약 2:21-24).

3) <u>**이것은 모순이 아니다. 아브라함은 창세기 15장에서 보인 믿음을 통해 "의롭게 여겨졌고," 22장의 행위를 통해 "의롭게 된" 것이다**</u>. 그는 창세기 15장에서 그 믿음이 의롭게 여겨졌다가 뒤에 시험을 거쳐서 그것이 확실하다고 확정되는 것이 필요했다. 그것이 창세기 22장에서 이삭을 바치는 행위로써 입증되었고, 결국 의롭게 되었다고 야고보서에서 말씀하는 것이다.

## 2. 교회 시대에는 의롭게 여겨짐과 의롭게 됨이 동시에 일어난다.

➠ 주님께서 그분의 피로써 우리를 의롭게 하셨기 때문에 우리는 믿자마자 의롭게 된 것이다. 다만 우리의 믿음이 행위로써 인정받을 필요가 있는 것은 구원 때문이 아니라 우리의 간증을 위해서이다.

## 아브라함의 친척들 - 나홀의 후손(22:20-24)

20절부터는 아브라함의 친척들이 언급되는데, 특히 그의 형제 나홀의 자식들이 열거된다. 밀카가 나홀에게 낳은 여덟 사람 가운데 브두엘이 "리브카"를 낳았는데(23절), 바로 이 리브카가 장차 이삭의 아내가 될 여인이었다. **갑자기 나홀의 족보가 제시된 것은 "리브카"를 말하기 위해서였다**. 성경에는 많은 족보가 있지만, 어떤 족보는 "어떤 한 사람"을 말하기 위해 제시되기도 한다. 창세기 11장 끝에 나오는 테라의 가족의 족보는 아브라함을 말하기 위해 제시되었고, 22장 끝에 나오는 족보는 리브카를 말하기 위해 제시되었다. 룻기 4장 끝에 나오는 족보는 이새의 아들 다윗을 말하기 위한 족보이다.

## 사라의 죽음과 장사(23:1-20)

『사라가 백이십칠 세였는데, 이것이 사라의 연수였더라. 사라가 카나안 땅 헤브론, 즉 키럇아르바에서 죽으니, 아브라함이 사라를 위하여 와서 울며 애곡하더라』(창 23:1,2).

**사라는 예루살렘 남쪽으로 사해 바다 좌측에 위치한 헤브론, 곧 키럇아르바에서 죽었다**. 사라는 매우 아름다운 여인이었으며, 외모뿐 아니라 마음도 아름다웠다. 특히 베드로전서 3장에서는 그녀를 이상적인 그리스도인 아내로서 제시하고 있다(벧전 3:1-6). **사라가 죽자, 아브라함은 그녀를 장사하기 위해 헷의 자손들에게서 값을 치르고 매장지를 샀다(3-20절)**. 은 사백 세겔(15절)을 주고 막벨라에 있는 굴을 포함한 에프론의 들을 샀는데(17절), 이는 아브라함에게 주어진 땅에 관한 약속이 아직 성취되지 않았기 때문이다. **사라가 죽은 것은 예표적으로 의미가 있다. 사라가 죽고 새롭게 등장하게 된 여인이 "리브카"이기 때문이다.** 교회를 예표하는 리브카가 등장하는 시점이 매우 흥미롭다. 리브카가 처음으로 언급되는 구절은 창세기 22:23에서인데, 바로 그 창세기 22장은 예수 그리스도를 예표하는 이삭이 제물로 바쳐지는 장이다. 이삭의 죽음과 부활은 예수님께서 죽었다가 부활하신 것을 예표한다. 바로 이 사건이 등장하고 나서 리브카가 등장하는 것이다! **즉 "교회"(리브카)는 "예수님"(이삭)의 죽으심과 부활을 통해 태어나는 것이다.**

■ 새롭게 깨달았거나 적용할 내용이 있다면 적어 보세요. ■

## 제5과
# 복습문제

1. 하나님께서는 아브라함을 악으로 시험하셨다. ( O , X )

2. "이삭을 ( )로 드리라"는 것은 그를 실제로 죽이라는 말이었다.

3. 하나님께서는 이삭의 ( )에 대한 믿음을 아브라함에게서 보기 원하셨다.

4. 『하나님께서 자신을 번제에 쓸 어린양으로 마련하실 것이라.』라는 예언의 완벽한 성취는 ( ) 때이다.

5. 성경에서 "독생자"란 표현이 주 예수 그리스도 이외에 유일하게 주어진 인물은 ( )이었다.

6. ( 구약 , 교회 ) 시대에는 의롭게 여겨짐과 의롭게 됨이 동시에 일어난다.

7. 아브라함의 아들 이삭은 "예수 그리스도"를 예표하고 그의 아내 사라는 "교회"를 예표한다. ( O , X )

■ 복습 문제의 정답은 홈페이지(www.solomonbtc.org)에서 확인할 수 있습니다.

# NOTES

# NOTES

# 제6과

# 이삭의 아내 리브카 그리고 아브라함의 죽음 (24,25장)

『그들이 리브카를 불러서 그녀에게 말하기를 "네가 이 사람과 함께 가겠느냐?" 하니, 그녀가 말하기를 "내가 가겠나이다." 하더라』(창 24:58).

## 위대하고 아름다운 예표(24장)

창세기 24장은 총 67구절로 이루어진 긴 장이며, 리브카가 이삭의 아내가 되는 사건을 자세하게 다루고 있다. 이것은 하나의 예표로 적용되며, 24장 내용의 90% 이상이 예표로 가득하다. 아브라함이 엘리에셀을 보내서 이삭의 아내를 데려오는 사건을 다루는 역사적인 내용은 "예표들을 위한 진리"를 풍성히 계시하고 있는 것이다.

### ■ 창세기 24장에는 네 명의 주요 인물이 등장하며 그 각각이 중요한 예표적 의미를 지니고 있다.

1) **아브라함** - 아들 하나님을 사랑하는 "**아버지 하나님**"의 모형이다(요 17:24).

2) **이삭** - 아들 하나님이신 "**예수 그리스도**"의 모형이다.

(1) 이삭과 예수님은 모두 약속의 씨였다(창 15:4 vs. 사 7:14).

(2) 두 사람 모두 탄생이 미리 알려졌다(창 18:10 vs. 눅 1:30,31).

(3) 태어나기 전에 이름이 지어졌다(이삭 - 창 17:19, 예수 - 눅 1:31).

(4) 두 사람의 탄생은 초자연적인 출생이었다. 사라는 이삭을 낳지 못할 여인이었고(창 11:30, 불임) 마리아는 처녀였다(마 1:18-20, 불임은 아님).

(5) 두 사람 모두 "독자"로 불렸다(창 22:2, 히 11:17, 요 3:16). - "독생자"

(6) 두 사람 모두 자신의 친족에게 조롱과 박해를 받았다(창 21:9,10, 갈 4:28,29 - 이스마엘에게서 / 마 27:29).

(7) 이삭과 그리스도는 둘 다 제물로 드려졌다(창 22:2, 히 9:26).

(8) 이삭이 자신을 불태울 나무를 직접 지고 갔듯이(창 22:6), 예수님께서

도 자신의 나무 십자가를 지셨다(요 19:17).

(9) 이삭이 저항하지 않고 제단에 올라갔던 것처럼(창 22:9) 예수님께서도 친히 자신의 목숨을 내어놓으셨다(요 10:17).

(10) 두 사람 모두 아버지께 버림받았다(창 22:12, 마 27:46).

(11) 두 사람 모두 죽음에서 부활했다(히 11:17-19, 마 28:6).

3) 엘리에셀 - 아버지 하나님께서 보내신 "성령 하나님"의 모형이다.

(1) 엘리에셀은 "아브라함의 종"이었다. 『**아브라함이 자기가 소유한 모든 것을 관장하는, 자기 집에서 가장 나이 많은 그의 종에게 말하기를 "내가 네게 청하노니, 네 손을 내 넓적다리 밑에 넣으라**』(2절). 성령님께서는 신격에 있어서는 하나님과 동등하시지만, 사역에 있어서는 이 시대에 "하나님의 종"으로서 일하신다. 『**그러나 진리의 영이신 그 분이 오시면 너희를 모든 진리로 인도하시리라. 그분은 자신에 관하여 말씀하지 아니하시며, 무엇이나 들은 것을 말씀하실 것이요, 또 너희에게 다가올 일들을 알려 주시리라**』(요 16:13).

(2) 엘리에셀은 하란에 가서 이삭을 위해 신부를 데려오라는 사명을 받았다. 『**너는 내 고향 내 친족에게 가서, 내 아들 이삭을 위하여 아내를 얻으라." 하더라**』(4절). 성령께서도 그리스도를 위해 신부를 데려오도록 하늘로부터 보내심을 받았다. 오순절에 성령께서 오셔서 교회가 시작된 이래로, 그분께서는 그리스도의 신부를 위해 다양하게 역사하고 계신다.

(3) 엘리에셀이 이삭의 신부를 데려오도록 보냄을 받은 때는 하나님께 이삭을 제물로 드린 후였다(22장). 이와 마찬가지로 그리스도께서 죽으시고 부활하신 후에 성령께서는 그리스도의 신부를 데려오도록 보내심을 받았다(행 2장).

(4) 엘리에셀은 자신에 관해서는 말하지 않고, 그 주인의 아들에 관해서만 증거했다(33-49절). <u>성령께서도 자신이 아니라 그리스도에 관하여 증거하고 계신다</u>(요 16:13).

(5) 엘리에셀의 임무가 매우 급박했다. 『**그들이, 즉 그와 그의 일행들이 먹고 마시며 온 밤을 지내고 아침에 일어나서, 그가 말하기를 "나를 나의 주인에게로 보내소서." 하니, 그녀의 오라비와 어미가 말하기를 "소녀로 며칠, 적어도 열흘을 우리와 함께 있게 하고, 그후에 그녀가 갈 것이라." 하더라. 그가 그들에게 말하기를 "나를 지체시키지 마소서. 주께서 내 길을 형통케 하셨으니 나를 보내어 내 주인에게로 돌아가게 하소서." 하더라**』(54-56절). 이 시대에 성령님의 임무도 급박하다(고후 6:2).

(6) 엘리에셀은 리브카에게 귀중한 선물을 주어 그 주인 이삭의 부요함을 나타냈다(22,47절). 성령께서도 우리에게 선물을 주시어(성령의 은사, 성령의 열매) 그리스도의 신부, 곧 교회를 위하여 예비하신 것을 미리 맛보게 하신다.

(7) 엘리에셀이 리브카로부터 이삭의 아내가 되겠다는 승낙을 받아 낸 후 자신이 직접 그녀를 데리고 갔다. 『**리브카가 일어나서 그녀의 몸종들과 함께 낙타들을 타고 그 사람을 따르니, 그 종이 리브카를 데리고 그의 길을 가더라**』(61절). <u>이와 마찬가지로 그리스도의 신부, 곧 교회가 준비를 마치면 성령께서는 그 신부를 데리고 하늘로 돌아가실 것이다</u>.

4) <u>리브카</u> - 그리스도의 신부인 "<u>교회</u>"의 모형이다.

(1) 리브카는 엘리에셀의 말을 믿고 그의 요구에 자신을 맡겼다(18-20,28절). <u>교회도 성령님을 믿고 그분의 요구에 자신을 맡겨야 한다. 성령을 소멸하거나 그분을 슬프게 해서는 안 된다</u>(살전 5:19, 엡 4:30).

(2) 리브카는 이삭을 위해 그녀의 친족을 기꺼이 떠났다. 『**그들이 말하기**

**를 "우리가 소녀를 불러 그녀에게 직접 물어 보리라." 하고 그들이 리브카를 불러서 그녀에게 말하기를 "네가 이 사람과 함께 가겠느냐?" 하니, 그녀가 말하기를 "내가 가겠나이다." 하더라』**(57,58절). **그리스도인들 역시 예수님을 위해 기꺼이 친족에게서 분리되어야 한다. 세상과 이 세상의 신으로부터 분리되어야 하는 것이다.**

(3) 리브카는 예수 그리스도를 예표하는 그 씨와 결혼한다(갈 3:14-17).

(4) 본문에는 나와 있진 않지만, 아마도 엘리에셀은 리브카와 함께 돌아오는 길에 그녀에게 그의 주인 이삭에 관한 모든 것과 그녀를 위하여 예비된 모든 것에 대해 이야기해 주었을 것이다(65절). 성령께서도 우리가 이 지상의 순례 길을 가는 동안 예수님을 만나게 될 때까지 그분과 우리가 받게 될 일들에 관해 설명해 주고 계신다(성경을 통해서).

(5) 리브카는 이방인 신부였다. 리브카는 이삭의 친척이었지만 이방인이었다. 왜냐하면 히브리인의 시조는 나홀이 아니라 아브라함 한 사람이었기 때문이다. 교회 역시 이방인 신부이다.

(6) 리브카는 사라의 복을 상속받는다. 사라는 여호와의 아내인 이스라엘의 예표이다. 그러나 이것은 이스라엘에게 주어진 물리적인 약속들이 교회에게로 넘어왔다는 말이 아니다. 이 시대에 우리는 영적인 약속들을 받게 되고, 천년왕국 때에는 주님과 함께하는 공동 상속자가 된다. 이 일은 『**약속의 언약들로부터는 생소한 사람**』이(엡 2:12,13) "접붙여짐"을 통해 이뤄졌다. 『**또한 만일 가지들 가운데 얼마가 꺾여지고 돌올리브 나무인 네가 그들 가운데 접붙여져서 올리브 나무의 뿌리와 기름진 것을 함께 받게 되었다면 그 가지들에게 자랑하지 말라. 네가 자랑하여도 네가 뿌리를 지탱하는 것이 아니요, 뿌리가 너를 지탱하는 것이니라. 그러면 네가 말하기를 "가지들이 꺾인 것은 내가 접붙여지기 위한 것이라." 하리라. 옳도다. 그들은 믿지 아니함으로 꺾여졌**

**고 너는 믿음으로 섰느니라. 높아지려는 생각을 품지 말고 도리어 두려워하라**』(롬 11:17-20).

(7) **리브카는 보지 않고 믿는 믿음을 갖고 있었다**. 그녀는 이삭을 본 적이 없다. 이 시대에 교회도 마찬가지이다. 『**너희가 그를 보지 못하였으나 사랑하며, 지금도 그를 보지 못하나 믿고 있으며, 또 말할 수 없이 영광으로 가득 찬 기쁨으로 즐거워하나니**』(벧전 1:8).

(8) 리브카는 집을 떠나 이삭에게로 오는 과정에서 어떤 환난도 겪지 않았다. 교회 역시 대환란을 겪지 않고 주 예수 그리스도를 만나 뵙게 될 것이다(계 4:1-3).

(9) 이삭은 집을 나와 들판에서 리브카를 맞이했다. 『**이삭이 저녁 때에 들에 나가 묵상하였는데, 그가 눈을 들어 보니, 보라, 낙타들이 오고 있더라**』(63절). **예수님께서도 하늘로부터 내려오셔서 공중에서 신부, 곧 교회를 맞이하실 것이다**.

(10) 이삭이 리브카를 만난 것은 저녁 때였다(63절). **예수님께서 그분의 교회를 만나시는 때도 어두운 밤인 대환란이 오기 직전, 곧 "영적인 저녁때"가 될 것이다**.

## 이삭에게 모든 소유를 주는 아브라함(25:1-6)

『아브라함이 이삭에게 자기가 가진 모든 소유를 주었더라. 아브라함은 자기 첩들의 아들들에게도 재물을 주어, 자기가 살아 있는 동안 그들을 자기의 아들 이삭으로부터 멀리 동쪽으로 보내어 동쪽 지역으로 가게 하였더라』(5,6절).

1. 아브라함은 사라가 죽은 후에 크투라를 아내로 얻었다(1절). 그녀를 통해 태어난 아들들이 2-4절에 제시되는데, 이들 가운데 눈에 띄는 사람이 "미디안"이다.

➠ "미디안"이란 이름에는 "다툼"이란 뜻이 들어 있다. 에돔 지역의 아랍인들이며, 재판관기 6,7장에서는 이스라엘을 대적하는 주요 세력으로 등장한다. <u>2-4절에 제시되어 있는 아들들은 오늘날의 아라비아인들(모슬렘)의 조상들인데, 말하자면 아브라함이 사라가 아닌 다른 아내를 취했을 때 끔찍한 재앙이 뒤따른 것이다</u>. 하갈을 통해 낳은 이스마엘과 크투라를 통해 낳은 미디안의 후손들이 훗날 이스라엘을 괴롭히는 자들이 된 것이다. <u>인간적이고 육신적인 방법으로 어떤 일을 진행하면 항상 문제가 생기는 법이다</u>.

2. 아브라함은 다른 아내들에게서 낳은 아들들을 팔레스타인 땅에서 쫓아냈다.

➠ <u>아브라함은 그가 살아 있을 때 그들을 이삭으로부터 멀리 동쪽으로 보냈다(6절)</u>. 아라비아 사막과 시리아 사막으로 보낸 것인데, 이곳은 오늘날 요르단과 사우디아라비아에 해당한다. <u>아브라함이 그들을 쫓아낸 이유는 그들이 아브라함의 언약에 속한 사람들이 아니었기 때문이다. 아브라함의 언약은 오직 이삭에게만 이어졌다</u>.

1) <u>씨의 번성에 대한 약속</u> ➠ **『그를 밖으로 데리고 나가 말씀하시기를 "이제 하늘을 쳐다보고 별들을 셀 수 있다면 그 별들을 세어 보아라." 또 그에게 말씀하시기를 "너의 씨가 이와 같으리라』**(창 15:5).

2) <u>씨가 번성할 땅에 대한 약속</u> ➠ 『그 날에 **주**께서 아브람에게 언약을 세워 말씀하시기를 "내가 이 땅을 이집트 강에서부터 큰 강 유프라테스까지 네 씨에게 주었으니』(창 15:18). 『내가 나와 너와 네 뒤에 올 네 씨 사이에 대대로 내 언약을 세우리니, 영원한 언약을 삼고 너와 네 씨의 하나님이 되리라. 내가 너와 네 뒤에 올 네 씨에게 네가 타국인으로 있는 땅, 즉 카나안의 모든 땅을 주어 영원한 소유가 되게 하며, 나는 그들의 하나님이 되리라." 하시니라』(창 17:7,8).

3) <u>그 약속된 씨는 오직 "이삭"뿐이었다.</u> ➠ 『하나님께서 말씀하시기를 "네 아내 사라가 참으로 네게 한 아들을 낳을 것이라. 너는 그의 이름을 이삭이라 하라. 내가 그와 그의 뒤에 올 그의 씨에게 내 언약을 세우리니, 영원한 언약이 되리라... 그러나 나는 나의 언약을 사라가 내년 이맘 때 네게 낳아 줄 이삭과 더불어 세우리라." 하시더라』(창 17:19,21).

이러한 진리는 오늘날 모슬렘들과 마호메트, 알라 그리고 모든 팔레스타인 사람들을 멸절시키는 말씀들이다. 이런 이유로 마호메트는 이삭이 제물로 드려지는 부분에서 이삭이 아니라 이스마엘을 드린 것이라고 거짓말했다. 마호메트는 하나님께서 이삭과 맺으신 언약을 도둑질하기 원했는데, 하나님께서는 이스마엘과는 어떤 언약도 맺지 않으셨다. 물론 그들도 번성이 약속되었지만(창 17:20) 이스라엘처럼 선택받은 민족이나 거룩한 민족이 되지는 못했다. 오늘날 UN은 아브라함이 쫓아낸 자들의 후손들이 약속의 땅에서 유업을 갖게 될 것이라고 언론을 통해 온 세상 나라들을 선동하고 동정심을 호소하며 떠들어 대고 있지만, 결국 UN은 성경적 진리를 버리고 하나님의 말씀을 대적한 대가를 아마겟돈 전쟁에서 치르게 될 것이다(계 16:16; 19:15).

## 아브라함의 죽음(25:7-11)

하나님의 친구라 불렸고(약 2:23) 위대한 믿음의 조상이었던 아브라함이 죽었다. 그가 묻힌 장소는 다름 아닌 사라가 묻힌 장소였다(9,10절). 아브라함은 "자기 백성에게로 합쳐졌는데"(8절), 이것은 무덤으로 갔다는 말이 아니라 그의 혼이 자기 백성에게로 합쳐진 것을 의미한다. 아브라함의 혼은 지하세계의 낙원으로 갔다. 이후 그 낙원은 "아브라함의 품"이라고 불리게 된다(눅 16:22). 거지 나사로처럼 구약 성도들이 죽어서 간 "낙원"(눅 23:43)을 "아브라함의 품"으로 부르게 된 것이다.

하나님께서는 아브라함이 죽은 후에 이삭에게 복을 주셨다(11절). 이제 하나님의 역사의 중심이 아브라함에서 이삭에게로 바뀌고 있는 것이다. 그리고 관계의 중심 또한 그 중심이 "아브라함과 사라의 관계"에서 "이삭과 리브카"의 관계로 바뀌고 있다. 이것이 예표하는 바는 분명하다. 아브라함은 하나님 아버지를 예표하고 사라는 이스라엘을 예표한다(여호와 하나님의 아내). 그리고 이삭은 예수 그리스도를 예표하고 리브카는 교회를 예표한다.

구약 시대에 하나님 아버지께서 주로 이스라엘을 다루셨지만, 신약 시대에 와서는 (이스라엘을 한쪽으로 제쳐 놓고) 아들 하나님이신 예수 그리스도께서 교회를 다루신다(교회 시대). 이것은 마치 사라가 죽고 리브카가 부각되는 모습과 같다. 이스라엘을 예표하는 사라가 죽자 교회를 예표하는 리브카가 이삭(예수 그리스도)과 함께 전면에 등장한 것이 바로 교회 시대인 것이다.

# 제6과
# 복습문제

1. 이삭은 아들 하나님이신 예수 그리스도의 모형이고, 리브카는 그분의 신부인 (                    )의 모형이다.

2. 엘리에셀은 아버지 하나님께서 보내신 (                    ) 하나님의 모형이다.

3. 아브라함의 언약은 ( 이스마엘 , 이삭 )에게로 이어졌다.

4. 아브라함은 하나님 아버지를 예표하고 사라는 그분의 아내인 (                    )을 예표한다.

5. 아브라함의 종 엘리에셀은 리브카에게 귀중한 선물을 주어 그 주인 이삭의 부요함을 나타냈다(창 24:22,47). 성령께서도 우리에게 선물을 주시어(성령의 은사, 성령의 열매) 그리스도의 신부, 곧 교회를 위하여 예비하신 것을 미리 맛보게 하신다. ( O , X )

6. 리브카는 예수 그리스도를 예표하는 씨와 결혼하지는 않았다. ( O , X )

■ 복습 문제의 정답은 홈페이지(www.solomonbtc.org)에서 확인할 수 있습니다.

# NOTES

# NOTES

# NOTES

# <추 천 도 서>

## 창세기 I

피더 S. 럭크만 지음 / 582쪽

25,000원(eBook 8,900원))

본서는 하늘들과 땅, 인간, 죄, 구속, 인종, 언약들의 기원 및 예수 그리스도와 적그리스도의 예표 등을 보여 준다.

## 믿음의 좁은길

조지 문델 지음 / 152쪽

4,000원(eBook 2,900원))

이 책은 아브라함의 생애를 조명하는 가운데 우리가 그리스도인으로서 승리의 삶을 살 수 있는 방법을 제시하고 있다.

## 성경지도

편집부 지음 / 112쪽 / 15,000원

이 책 한 권으로 성경의 지리들을 이해함과 동시에, 구약과 신약에 있어서 개론적으로 알아야 할 모든 것들을 이해할 수 있게 된다.

## 세대적 진리

클리렌스 라킨 지음 / 322쪽 / 32,000원

1920년에 출간된 이 책은 세대주의 연구의 기초가 되는 책으로 클리렌스 라킨의 역작이며, 성경을 연구하는 모든 그리스도인들의 필독서이다.

## ■ 서울솔로몬학교 성경연수원 ■

『네가 진리의 말씀을 올바로 나누어 자신이 하나님 앞에 부끄럽지 않은 일꾼으로 인정받도록 공부하라』(디모데후서 2:15). 오늘날 하나님께서 원하시는 일꾼이 제대로 길러지지 않는 이유는 성경을 공부하지 않기 때문입니다. 본 연수원은 이 나라 교회들이 복음도 제대로 전하지 않고 성경도 체계적으로 가르치지 않는 것을 보고서 하나님의 유능한 인재를 양성하기 위해 아래의 교육과정을 개설했습니다.

▶ **〈킹제임스성경신학교〉 교수진의 정선된 강의와 수준 높은 성경공부 교재로 성경을 쉽고 정확하게 배울 수 있습니다.**

▶ **본 과정을 이수하면 수료증이 수여되고 〈킹제임스성경신학교〉 2학년으로 편입할 수 있습니다.**

1. 모집 대상 : 성경을 공부하기 원하는 남녀노소
2. 교육 기간 : 1박 2일(합숙 가능, 금요일 오후 7시 입소, 토요일 오후 4시 퇴소),
   1일 특강(토요일 오전 10시 입소, 오후 4시 퇴소)
3. 참 가 비 : 12만 원(교재 및 숙식비 포함)
4. 교육 과정

**1) 단기 성경연수 과정(1박 2일, 1일 특강)**

| | | | | |
|---|---|---|---|---|
| 요한계시록 | 로마서 | 마태복음 | 요한복음 | 다니엘 |
| 사도행전 | 히브리서 | 야고보서 | 베드로전후서 | 에스겔 |
| 갈라디아서 | 에베소서 | 빌립보서 | 골로새서 | 이사야 |
| 고린도전후서 | 목회서신 | 창세기 | 출애굽기 | 소선지서 |
| 데살로니가전후서 | 여호수아 | 재판관기 | 사무엘상하 | 열왕기상하 |
| 성경의 비유들 | 세대주의 | 이단연구 | 적그리스도 | 이스라엘 |

**2) 주일학교 성경교사 자격증반(1박 2일, 매월 1회 총 12주 과정)**

**3) 한글킹제임스성경 통독교실(1박 2일)**

**4) 크리스찬 청소년 리더십 캠프(2박 3일)**

**5) 크리스찬 청소년 음악 캠프(2박 3일)**

※ 각 과정 별로 구령하는 방법을 1시간씩 교육합니다.

**www.solomonbtc.org**

강화도에 위치한 본 연수원은 동쪽으로는 바다, 서쪽으로는 길상산, 북쪽으로는 호수와 넓은 들이 펼쳐져 있는 최상의 휴식처로서, 등산, 낚시, 트레킹을 할 수 있고, 일천 그루의 잣나무 숲에서 성경을 공부하고 기도하며 쉴 수 있는 최적의 환경입니다. 남녀 생활관에서 합숙이 가능하며, 가족 동반 시 게스트하우스(콘도형 빌라)를 이용할 수 있습니다. 초지대교에서 좌회전 후 4분 거리에 있으며, 지하철 5호선 방화역에서 셔틀 차량이 운행됩니다. 인천광역시 강화군 길상면 장흥로 29-6 / (02) 2665-3743

솔로몬 성경공부 시리즈

# 창 세 기

## 제3권 아브라함이 걸어간 믿음의 발자취(12-25장)

초판1쇄 2021년 3월 31일
초판2쇄 2021년 5월 7일
지 은 이 / 편 집 부
발 행 인 / 이 송 오
발 행 처 / 말씀보존학회
출판등록 / 1988. 12. 12. 제16-223호
주 소 / 서울 강서우체국 사서함 제90호
전 화 / (02) 2665 - 3743
팩 스 / (02) 2665 - 3302
인 터 넷 / www.biblemaster.co.kr


잘못된 책은 바꿔 드립니다.

값 10,000 원